gênero e política: derivas do feminino

Marcelo Ferreri &
Rogério Paes Henriques (Orgs.)

gênero e política: derivas do feminino

2ª edição

edições Concern

São Paulo - 2021

Revisão e preparação: Esdra Campos
Capa e diagramação: José Maria Faustino
Supervisão editorial: Sergio Rizek

Dados Internacionais de Catalogação na Publicação (CIP)
(Câmara Brasileira do Livro, SP, Brasil)

Gênero e política : derivas do feminino / Marcelo Ferreri & Rogério Paes Henriques (orgs.). — 2. ed. — São Paulo : Edições Concern, 2021.
180 p. : il.

Vários autores.
ISBN 978-65-88956-01-4

1. Identidade de gênero 2. Mulheres — Condições sociais 3. Psicologia social 4. Relações de gênero 5. Relações sociais 6. Sexualidade (Psicologia)
I. Ferreri, Marcelo. II. Henriques, Rogério Paes.

20-47530 CDD-305.3

Índices para catálogo sistemático:
1. Relações de gênero : Psicologia social 305.3
Maria Alice Ferreira - Bibliotecária - CRB-8/7964

Edições Concern / Attar Editorial
Rua Madre Mazzarello, 336
São Paulo - SP - 05454-040
Tel.: (11) 3021-2199 - attar@attar.com.br
www.attar.com.br

Os textos encaminhados à Edições Concern, selo da Attar Editorial (fundada em 1986), serão avaliados por membros do conselho editorial, cujos pareceres críticos circunstanciados serão enviados para os autores.

Coletânea de artigos vinculados às linhas de pesquisa "Processo de Subjetivação e Política" e "Psicanálise e Cultura Contemporânea", do PPGPSI/UFS, organizada por Marcelo Ferreri & Rogério Paes Henriques.

SUMÁRIO

APRESENTAÇÃO

Talvez se pudesse dizer, com pouca chance de erro, que propor um livro sobre gênero e política fosse inevitável nos dias de hoje; algo praticamente irresistível dada a ligação entre os termos, a imensa presença e o respectivo alvoroço que juntos causam na agenda atual. E talvez essa impressão chegasse a bancar que tal propositura fosse demasiadamente óbvia, dado o nível de acirramento de problemas e posições, fazendo um barulho de tal volume que praticamente tornaria o livro justificado em si mesmo.

No que diz respeito ao gênero, a presença configurada em posicionamentos governamentais, programas de ações afirmativas, mobilizações de variados grupos sociais e pautas midiáticas parecem tornar assunto obrigatório nas reflexões sobre nosso tempo. Uma espécie de agitação incontornável perpassa o tratamento do assunto marcando seu lugar de destaque no âmbito do pensamento e das providências a tomar, daí um livro. Porém, não demoramos a ver que esse agito aparece muitas vezes mais disposto a silenciar os problemas do que a provocar questões; parece mais voltado a dispersar do que organizar percepções. Então, a propositura deixa de ser tão óbvia.

Poderia se dizer o mesmo a respeito do político atrelado ao gênero. Afinal, não se trata sempre de relações de poder estabelecendo o lugar das distinções de gênero? O que há para ver além disso? Assim, se se discute gênero é de política que se fala. Nesse sentido, uma quase redundância assinala a obviedade da relação entre os termos e da iniciativa do livro, propiciando novas condições para o silenciamento. Aqui também o óbvio tem o que mostrar. Já se disse que o político atrelado às questões de gênero costuma escapar. Suas escapatórias descambam muitas vezes para um tipo de fundo cultural, para um esquema cultural com ares de causalidade que, no fim das contas, serve para aplacar o aspecto político que acende as questões. A proposta do livro não é, portanto, óbvia.

Desse modo, tendo em vista a onda discursiva acerca do tema, movida por uma opinião pública atordoante, o levante do conservadorismo que nesse assunto propaga sempre a favor de dominações, e a perigosa naturalidade que enlaça os termos de modo que força um desaparecimento dos objetos diante dos olhos, surgem algumas pistas dos motivos pelos quais propomos um livro sobre gênero e política.

O conjunto de textos reunidos nessa publicação mostra que não há nada de óbvio na relação entre gênero e política, o livro é um convite para ver isso de perto. Essa iniciativa foi disparada pelo intuito de articular ações e produções de duas linhas de pesquisa da pós-graduação em psicologia, "Processos de Subjetivação e Política" e "Psicanálise e Cultura Contemporânea", do Programa de Pós-Graduação em Psicologia da Universidade Federal de Sergipe (PPGPSI/UFS), e quando levada adiante tornou nítido que tratar da relação entre gênero e política invoca desafios para o pensamento; assinalamos dois mais imediatos e concomitantes: enfrentar um emaranhado de questões que se apresentam no enlace dos termos, algo que os textos a seguir irão mostrar ao leitor, e recusar, como já indicado, a suposta obviedade da relação na medida em que se caminha nesse emaranhado.

Nesse sentido, entrar em contato com questões que se imiscuem na relação entre gênero e política se torna tarefa árdua. Basta notar, em uma espécie de voo rasante sobre os textos, que a relação instala, de início, um questionamento profundo e contundente acerca de ideias e crenças sobre a natureza, sobre o que se julga como natural na distinção entre masculino e feminino. Um questionamento arrebatador sobre a naturalidade dos termos homem e mulher, masculino e feminino, e do mesmo modo sexo e coexistência, divisões e estruturação da vida coletiva. Esse questionamento é, sobretudo, o desafio de desnaturalizar o pensamento e a ação que remete à relação entre gênero e política. Não somente desafiar o estatuto de natural supostamente atrelado ao masculino e ao feminino, como dar visibilidade aos arranjos e tramas que deixam claras as dimensões de poder, de cultura, história, afetividade, racionalidade, conflitos sociais e éticos que neles se encontram.

Desnaturalizar, portanto, não é banal e nem conhecimento tácito. Ao contrário, implica uma variedade de fatores que devem ser conhecidos a cada processo submetido ao seu difícil trabalho questionador. Melhor dizendo, há vários modos de desnaturalizar e o conjunto de textos dessa publicação é hábil em tornar isso perceptível. O livro permite ver que a relação entre gênero e política é fértil para o entendimento da complexidade da ação que visa a desnaturalizar algo. Assim sendo, há muito o que conhecer sobre o que chamamos desnaturalização.

Nos capítulos que seguem vemos, no tratamento da relação entre gênero e política, uma proeminência da questão do feminino. Essa proeminência não é obrigatória, embora esteja marcada na história do tratamento das questões de gênero. A execução da proposta do livro abriu para várias outras possibilidades da problemática do gênero, que poderiam ser trazidas para essas páginas. Por razões circunstanciais aconteceu o destaque da problematização a partir do feminino. Porém, mais do que constatar isso, tal problematização favorece, de modo privilegiado, a compreensão dos desafios que se impõem à tarefa de desnaturalizar. Especialmente, porque esse desafio comporta variações, e essas são absolutamente situadas no âmbito em que se apresentam seus respectivos problemas.

Diante dessas variações, trazidas pelo conjunto dos textos, foi possível articular a atividade de desnaturalização dos problemas de gênero e política tratados sob eixos, que, por sua vez, tentam indicar o caminho dessa atividade de pensamento de forma mais ampla. O primeiro eixo do livro, designado **Incidências analíticas sobre o gênero**, observa a problemática do gênero como "infamiliar" (*das Unheimliche*) a partir da perspectiva psicanalítica e dos estudos de gênero, percorrendo distintos âmbitos (clínica, cultura, identidade, feminismo, ética etc.) na desnaturalização das distinções gentrificadas, tomando-se o gênero como posição singular que não encontra resposta universal. Assim, em "Mulher-Maravilha, feminismo e psicanálise", texto que abre essa coletânea, Arci Santos e Eduardo Leal Cunha articulam ideias psicanalíticas e feministas que convergem no enredo das histórias em quadrinhos da super-heroína Mulher-Maravilha, espelhando contingências socio-históricas e culturais atreladas a movimentos de emancipação feminina. Por sua vez, José Stona e Daniel Coelho, em "A melancolia de gênero: uma introdução", refletem sobre a predominância das questões de gênero na atualidade com recorte específico na perspectiva butleriana do gênero como processo primitivo de identificação melancólica e seus correlatos processos (cishetero...) normativos de captura subjetiva, opondo-lhes uma postura política afim ao ativismo pós-identitário que desconstrói a linearidade entre sexo, gênero, identidade, prática sexual e desejo. Já em "*Problemas de gênero* e sexuação", Flavia Bonfim promove uma interlocução entre os pensamentos de Butler e Lacan com ênfase nos seus tensionamentos, mas não sem apresentar também suas aproximações, sobretudo, no reposicionamento da filósofa feminista estadunidense acerca da noção de diferença sexual; com o advento da clínica da sexuação lacaniana, é muito mais a insustentável leveza do gênero (como suplência ao furo do saber inconsciente sobre o sexual, convocativo de soluções singulares inventivas por parte dos seres falantes) que passa ao primeiro plano, no lugar de seu inexorável peso opressivo de assujeitamento. Por fim, fechando esse primeiro eixo, Pollyana Almeida e Andréa Hortélio Fernandes, em "A adolescência e o que se conta da sexuação", enfocam a adolescência como despertar da sexualidade, momento de efetuação da estrutura no qual estaria em jogo o domínio da matemática, empreendendo Outra leitura das fórmulas lacanianas da sexuação pela via do número, fazendo advir a singularidade do gênero onde há uma impossibilidade lógica de completude entre os sexos.

O segundo eixo, designado **Subjetivação do gênero e processos criativos**, trata do problema do gênero assinalando o aspecto político da questão, recorrendo aos âmbitos da política, dos povos tradicionais, da dança, da poesia, das desigualdades sociais, da luta social, dos modos de existência como caminhos para a desnaturalização das questões de gênero. Em "*É isto uma mulher?* Capturas femininas no pornô e no amor a partir dos *sites YouPorn* e AdoteUmCara", Luiz Felipe Zago, Thanise Atolini e Nicoli Ramos apontam que, para além do aparente empoderamento feminino presumível da maciça inserção das mulheres na cibercultura contemporânea, emergem novos modos de sujeição delas via cooptação seja pela pornografia andro-heterocentrada (as *milf* do *YouPorn*), seja pelo mito do amor romântico (as usuárias do AdoteUmCara), que constituem desafios a uma lógica emancipatória feminina com vistas à afirmação da vida. Por sua parte, Adriana Azevedo, em "Trauma, precariedade e alianças discursivas de mulheres", apresenta estratégias de mulheres lésbicas e bissexuais para lidarem com marcas traumáticas decorrentes de violência sexual, por intermédio de práticas artísticas e poéticas que ressoem suas vozes então silenciadas, com foco na experiência performática *Conjuração 44*, coletivo que procura cernir o traumático através da leitura de poesias, experiências corporais e artes sonoras. Nessa direção, Ana Gabriela Farias, Michele Vasconcelos e Sandra Oliveira, em "Uma pausa de mil (com) passos: ensaios conceituais-metodológicos com mulheres em danças de si", analisam trajetórias de mulheres universitárias que protagonizaram o espetáculo de dança *Vaca Profana*; partindo-se da observação participante de uma das autoras do texto nesse espetáculo e com ênfase no método cartográfico de pesquisa, apostam na escrita de si via criação de um corpo no agenciamento com a dança, o qual, ao desviar da moral sexual civilizada, tende a potencializar a vida em sua processualidade (devir-mulher). Encerrando esta coletânea, "Cartografias da violência contra mulheres marisqueiras do Nordeste do Brasil", de Lucy Romero e Mercedes Pérez, realiza um mapeamento da violência atrelada à expansão ilimitada do capitalismo financeiro, que incide sobre as mulheres sergipanas afrodescendentes dedicadas à cata de mariscos e que degrada seus territórios socioambientais, apresentando também suas estratégias de resistência à necropolítica mapeada.

Por último, mas não menos importante, resta considerarmos que desnaturalizar é mais que apresentar variações, dar vista a um conjunto de mudanças no mesmo tema. Se seu exercício passa pela recusa do silenciamento, do falatório voltado a abafar o pensamento e a experiência em gênero e política, então sua tarefa requer dois gestos importantes: reconhecer que variação é mais que modificações simplesmente, é desvio mesmo em relação a uma certa direção posta; e que desviar impõe assumir os riscos ao romper com tal direcionamento, uma vez que isso implica quebrar o silêncio. Portanto, mais do que variações, a atividade de desnaturalizar trouxe para essas páginas derivas. Desviar e arcar com os posicionamentos em desvio: eis o que aqui designamos deriva.

Agradecemos o convite do coordenador do PPGPSI/UFS, prof. Eduardo Leal Cunha, para a organização desta obra e o subsídio financeiro fornecido pela Coordenação de Aperfeiçoamento de Pessoal de Nível Superior (CAPES) e Fundação de Apoio à Pesquisa e Inovação Tecnológica do Estado de Sergipe (FAPITEC) para a sua concretização. Sobretudo, agradecemos aos autores que assinam esta coletânea de artigos – cuja relação desejante com o trabalho de escrita sobrepujou as restrições impostas pelo atual contexto de pandemia associada ao coronavírus/COVID-19 –, bem como aos leitores que desta obra se propuserem a realizar leituras propriamente ditas, deixando-se ler por ela e, desse modo, tornando-se também autores.

Aracaju, setembro de 2020.

Marcelo Ferreri
Rogério Paes Henriques

EIXO 1

Incidências analíticas sobre o gênero

MULHER-MARAVILHA, FEMINISMO E PSICANÁLISE

Arci Santos e Eduardo Leal Cunha

Introdução

A partir da observação de como a consolidação do feminismo e da psicanálise alavancaram o crescimento da discussão sobre temas como diferença sexual, gênero e relações entre masculino e feminino, na sociedade em geral e nos produtos da cultura, discutiremos sobre as articulações entre feminismo[1] e psicanálise e seus impactos socioculturais. Consideramos que esses temas estavam presentes na personagem Mulher-Maravilha, surgida em 1941; nesse sentido, avaliamos que essa personagem representa a mulher que emerge após o movimento sufragista e as lutas e conquistas consecutivas, o que nos levou a considerá-la um dos efeitos dessas articulações, no século XX.

A "Mulher-Maravilha" surge no contexto posterior à "primeira onda feminista"[2], o que corresponde à movimentação das sufragistas. Naquele primeiro momento, as reivindicações feministas eram basicamente referentes à cidadania, o que inclui o acesso à educação formal, trabalho remunerado, direito à propriedade privada e ao voto – estes

1. O feminismo pode ser compreendido, de forma geral como tudo aquilo que diz respeito à emancipação das mulheres; ele representa também uma teoria que analisa criticamente o mundo e a situação das mulheres no contexto geral. Seria, portanto, um movimento social que luta por transformação e uma atitude pessoal diante da vida; ou seja, um movimento que confronta o sistema de dominação e propõe a transformação social (SILVA & CAMURÇA, 2010). Importante destacar, portanto, que o movimento feminista produz sua própria reflexão crítica, sua própria teoria, e isso deriva do tipo social de militante – mulheres de classe média, educadas nas humanidades, crítica literária e da psicanálise, especialmente – que impulsionou o feminismo, ao menos inicialmente. Assim, este possui a vertente da ação e da produção teórica; e faz parte do campo de forças que formatou o século passado e início deste século (PINTO, 2010).
2. Divisão didática que simboliza a organização do movimento feminista, mas que não deve invisibilizar nem as lutas das mulheres ocorridas em tempos anteriores, nem o imbricamento das pautas feministas nos diferentes momentos históricos.

eram os interesses das mulheres brancas, da classe média, especialmente da Inglaterra e Estados Unidos da América (EUA), mas, também de outros países da Europa. E, assim como aquelas representantes iniciais do movimento feminista do final do século XIX e início do século XX, a Mulher-Maravilha é uma mulher branca e burguesa (princesa da Ilha Paraíso) que reivindica espaço e protagonismo em espaços dominados por homens.

O contexto histórico e as personalidades que inspiraram os criadores da HQ da Mulher-Maravilha (William Moulton Marston – criador; Peter Gaines – diretor da produtora de HQs *Detective Comics* – DC; Henry G. Peter – desenhista) estavam marcados pela participação dos EUA na Segunda Guerra Mundial. Assim, consideramos que o surgimento dessa heroína está relacionado também às próprias experiências dos seus criadores, que fizeram com que ela se tornasse um retrato das lutas de sua época e das pautas defendidas, especialmente, pelo seu principal idealizador, Marston (1893-1947), advogado, psicólogo e defensor dos ideais feministas. Desde então, no decorrer de sua história, essa personagem passou por altos e baixos, acompanhando as mudanças nas pautas do feminismo e os momentos históricos e suas consequências socioculturais, sendo ressignificada em diversos momentos e com diferentes finalidades, inclusive, quanto ao teor de suas mensagens para o seu público.

Para discutir as relações entre feminismo e psicanálise e seus reflexos socioculturais, nos utilizaremos de discussões feitas por Eva Illouz, Elaine Showalter e Regina Neri. A primeira nos aponta que o vínculo entre movimentos culturais e processos de subjetivação, configuram o que ela chama de "estilo afetivo" contemporâneo, com foco direcionado para as relações entre homens e mulheres, iniciado a partir do final do século XIX. Para Illouz (2011), muitos dos arranjos sociais são também arranjos afetivos, como, por exemplo, a divisão e distinção mais fundamental e que organiza as sociedades do mundo – aquela estabelecida entre homens e mulheres. Com isso, a hierarquia social produzida pelas divisões de gênero conteria divisões afetivas implícitas, sem as quais homens e mulheres não reproduziriam seus papéis e identidades. Nesse caminho, pretendemos mostrar que todos esses movimentos despontam na personagem em destaque e em seu processo de criação.

Schowalter (1993) considera que entre o final do século XIX e início do século XX, houve, além de uma batalha entre os sexos, uma batalha interna aos sexos. Com ela, os homens enfrentaram mudanças em suas vidas e em sua identidade sexual diante da iminente emancipação feminina, o que impulsionou – em países como a França, onde o movimento feminista já atuava desde a década de 1890 –, um antifeminismo renovado. Naquele contexto, houve a chamada "crise de masculinidade", que despertou na consciência dos homens uma interrogação sobre o que significaria ser homem. Esse fenômeno teria ocorrido em diversas nações como parte de um esforço para preservar definições tradicionais dos papéis sexuais. A partir desse momento, a "masculinidade" não é mais natural, transparente ou isenta de problemas do que a "feminilidade". A masculinidade também possui um papel elaborado pela sociedade, definido no contexto de circunstâncias históricas e culturais específicas.

Neri (2005) nos indaga se não seria possível articular as formulações de Freud, em que este aponta o feminino como a principal vítima da cultura, à luta das mulheres pela conquista do espaço público. Assim, apesar de Freud ter posicionamentos paradoxais sobre essa questão, sua obra evidencia a tensão entre a psicanálise e o feminino em que ora ela é vetor de ruptura do discurso iluminista de naturalização do feminino, ora ela se apresenta como herdeira das estratégias de práticas disciplinares que visam ao atrelamento da mulher à maternidade e à esfera privada.

Desse modo, estaremos atentos ao quanto a obra de Freud pode ser considerada tributária da emergência do feminino na cena social do final do século XIX. E de como a sua obra é considerada subversiva à ordem da razão científica e demonstra uma fratura do sujeito clássico da razão. Ou seja, como o discurso psicanalítico inaugura uma interrogação sobre o feminino a partir da crise histérica, e direciona a sua atenção para a fala das mulheres, se tornando um promotor do movimento de afirmação do feminino. E como, ao mesmo tempo, a própria feminilidade se constituiria como amostra dos limites da psicanálise, especialmente naquele contexto (NERI, 2005).

A contrapartida dessa articulação de influências entre a afirmação do feminino no espaço social e o surgimento da psicanálise também é feita pelo próprio movimento feminista que, em dado momento, passa a se valer das discussões psicanalíticas (ILLOUZ, 2011). Mas, aqui, em suma, buscaremos mostrar como toda essa discussão está presente em produtos da indústria cultural do século XX nos utilizando da HQ "Mulher-Maravilha" para demonstrar esse encontro de movimentos históricos e culturais.

Os pontos que marcaram o encontro entre feminismo e psicanálise

Especialmente nos séculos XIX e XX, houve uma reconfiguração das discussões sobre a mulher e o feminino através do feminismo e da psicanálise. Podemos dizer que o movimento das mulheres e sua afluência no movimento feminista, no final do século XIX, foi preponderante para o desenrolar de algumas das principais discussões naquele período. Foi a partir de movimentos históricos e sociais de mulheres, do advento do feminismo e do que foi chamado de "questão da mulher", que as tradicionais instituições do casamento, do trabalho e da família foram desafiadas.

Nesse caminho, a difusão da psicanálise na cultura e seu lugar na construção do *discurso terapêutico*[3] tem início no final do século XIX e contribui para proporcionar alguma visibilidade à mulher para além dos espaços domésticos – mesmo que à mulher burguesa e europeia, a princípio. Apesar do recorte inicial de seu público, a obra de Freud também tem uma forte contribuição para a construção de discursos e, consequentemente,

3. Segundo Illouz (2011), o discurso terapêutico, surgido no final do século XIX, reformulou o nível mais profundo dos símbolos da identidade e, por meio desses símbolos identitários, teria se dado a formulação de um novo "estilo afetivo". Esse estilo afetivo teria sido moldado sobretudo, mas não exclusivamente, pela "linguagem da terapia", que se propagou num período relativamente curto entre a Primeira e Segunda Guerra Mundiais. Para Illouz (2011), a "linguagem da psicologia" ou o "discurso psicológico" teria arquitetado uma nova forma de sociabilidade e afetividade, uma vez que, a partir de Freud, teria ocorrido uma reformulação da relação do eu e sua relação com os outros, através de uma nova maneira de imaginar a posição do eu perante o seu passado.

de um imaginário em torno do que se entende como feminino. Freud deu especial atenção às mulheres histéricas, suas pacientes, e, de toda forma, lançou algumas bases para a discussão das "questões das mulheres", ainda pouco debatidas até aquele momento (ILLOUZ, 2011).

> O mérito teórico de Freud foi ter aberto a caixa-preta da histeria, no final do século XIX, com a constituição da psicanálise, na medida em que aquela tinha marcado no seu imaginário o que havia de problemático e catastrófico no paradigma moderno da diferença sexual. Entretanto, se esta caixa-preta foi aberta, isso se deu porque a histeria se transformou num problema social e político na segunda metade do século XIX – deve-se evocar aqui as grandes epidemias histéricas ocorridas então na Europa –, de forma que o campo da psicopatologia se voltou para a investigação sistemática da histeria, desde Charcot (BIRMAN, 2006, p. 309).

A convergência entre feminismo e psicanálise produz efeitos na cultura e nos processos de subjetivação, uma vez que Freud apresenta a mulher como a principal vítima da moral sexual civilizada, e estabelece os laços entre o sintoma histérico e a repressão sexual da mulher. Assim, a crise histérica, como expressão do mal-estar do feminino na cultura da razão, da qual esteve excluído durante séculos, poderia ser convertida em crise criadora de sua inscrição na cultura, reconfigurando o modelo de feminilidade vigente e inaugurando novas possibilidades de sublimação para o feminino, para além do aprisionamento no espaço privado e da função de reprodução da espécie (NERI, 2005).

Quanto a isso, Illouz (2011) nos aponta que a cultura afetiva vitoriana havia separado homens e mulheres pelo eixo das esferas pública e privada, mas a cultura terapêutica do século XX redefiniu essas fronteiras, ao tornar a vida afetiva central para o desenvolvimento no ambiente de trabalho nas fábricas, por exemplo. Naquele ambiente, o empregado precisou aprender a trabalhar em equipe, a receber orientações de superiores, dentre outros fatores, modificando assim os papéis das masculinidades e feminilidades. Mas, segundo a autora, o Estado e o feminismo também teriam participado desse processo.

A hipótese de trabalho de Illouz (2011) é a de que talvez, inicialmente, o mais marcante *locus* institucional a ser responsabilizado pela consolidação da terapia na cultura norte-americana, mais especificamente, teria sido o Estado norte-americano. Este, por sua vez, teria adotado o discurso terapêutico de forma maciça, especialmente no pós-guerra, uma vez que havia grande preocupação com a adaptação e o bem-estar sociais dos veteranos de guerra. A partir dali, o Estado teria utilizado mais e mais a terapia em muitos dos serviços que oferecia, como: a assistência social, os programas de reabilitação dos presídios, a educação e os tribunais.

Segundo Illouz (2011), tomando como referência os EUA da primeira metade do século XX, as formas contemporâneas do Estado organizam seu poder em torno de concepções culturais e visões morais do indivíduo. Para essa autora, o discurso psicológico é um dos modelos do individualismo a ser adotado e propagado pelo próprio Estado e marca as suas intervenções em vários campos, como: educação, negócios, ciência, política e até assuntos internacionais.

As feministas também teriam instrumentalizado, segundo Illouz (2011), a narrativa terapêutica, por terem se utilizado da categoria do trauma, por exemplo, para criticar a família, proteger crianças, obter a aprovação de novas leis e combater a violência masculina contra as mulheres e crianças. A autora afirma que, na ampliação de uma crítica política à família e em sua adoção generalizada da categoria dos "danos afetivos"[4], as feministas se basearam e confiaram na linguagem da psicologia.

> O feminismo foi umas das principais formações políticas e culturais a adotar o discurso terapêutico, já na década de 1920 e, com extremo vigor, na década de 1960, em sua promoção da sexualidade como a sede da emancipação [...], e mais tarde, nos anos 80, ao denunciar os efeitos opressivos da família patriarcal nos maus-tratos infantis. Usando a defesa das crianças submetidas a abusos, o feminismo encontrou na terapia uma nova tática

4. Outro grupo a utilizar essa narrativa terapêutica foi o dos veteranos do Vietnã, para quem a categoria trauma serviu para receber benefícios sociais e culturais. Mas, foi apenas em 1980 que a Associação Norte-Americana de Psiquiatria reconheceu essa categoria nos manuais especializados (ILLOUZ, 2011).

> para criticar a família e o patriarcado. Isso se deu, suponho, ao fato de a categoria dos "maus-tratos infantis" ter facultado ao feminismo mobilizar categorias culturais – a da criança, por exemplo – que tinham um apelo mais amplo e mais universal (ILLOUZ, 2011, p. 85).

Segundo Illouz (2011), no século XX, a psicanálise se encontrava em posição singular de criar pontes entre as práticas especializadas da psicologia, neurologia, psiquiatria e medicina, por um lado, e das culturas ditas superiores e inferiores, por outro. Ela pôde se disseminar por todas as vias da cultura norte-americana, mais visivelmente no cinema e na literatura, especialmente de aconselhamento/autoajuda. Assim, a linguagem da psicologia logrou grande êxito e arquitetou uma nova forma de sociabilidade e afetividade em cuja base se encontravam dois temas culturais fundamentais, o da igualdade e o da cooperação. Além disso, segundo a autora, o "modelo da comunicação", como ferramenta e repertório cultural, teria se utilizado de uma tecnologia de manejo do eu - esse *ethos* da comunicação embotaria as divisões de gênero, ao convidar homens e mulheres a controlarem seus "afetos negativos", serem afáveis, verem-se pelos olhos de terceiros e terem empatia com os outros.

Com o desenrolar do século XX, o feminismo e a psicologia, especialmente a psicanálise, se revelaram, portanto, aliados culturais supremos. Isso teria ocorrido também porque as mulheres passaram a ser as principais consumidoras do aconselhamento terapêutico, o que teria feito com que a psicoterapia compartilhasse cada vez mais com o feminismo alguns esquemas comuns – categorias básicas de pensamento diretamente derivadas da experiência das mulheres. Assim, o feminismo e a psicanálise, teriam feito empréstimos recíprocos ao solicitarem o mesmo tipo de reflexividade que tinha sido atributo da consciência feminina (ILLOUZ, 2011).

Nesse contexto, a independência e a educação foram dois temas centrais do feminismo e da psicoterapia. Além disso, popularizaram a ideia e a prática de converter a experiência privada em discurso público. Um exemplo disso foram os "grupos de conscientização", primordiais em alguns momentos do feminismo. Outro exemplo da influência recíproca da psicoterapia e do feminismo foi a elaboração de um modelo cultural de intimidade sexual e afetiva, que teve como pano de fundo a emergência do campo da terapia sexual[5]. A ideia de intimidade combinou atributos do discurso psicológico e do feminismo, pois a sexualidade liberada se tornou uma afirmação simultânea de saúde afetiva e emancipação política. Constituiu-se assim um novo modelo cultural de intimidade que se evidenciou nos cinemas, onde a mulher encontra-se com a liberdade e a ideia de igualdade na intimidade (ILLOUZ, 2011).

> ...as mulheres foram instruídas pelo feminismo e pela terapia a esclarecer seus valores e preferências, a construir relações compatíveis com esses valores e adequadas a eles, tudo com o objetivo de afirmar um eu autônomo e autoconfiante. E esse processo só pode ocorrer quando as mulheres se tomam criteriosamente como objetos de exame, controlam suas emoções, avaliam as escolhas e optam por seu curso de ação favorito (ILLOUZ, 2011, p. 50).

Showalter (2004) acrescenta que, gostando ou não, o século XX foi um século psicanalítico. Isso pôde ser demonstrado quando recorremos às psicociências para administrar nossos relacionamentos pessoais, criar nossos filhos, julgar nossos criminosos, interpretar uma obra de arte, melhorar a vida sexual, saber os motivos pelos quais estamos infelizes ou deprimidos, dentre outras coisas. Illouz (2011) propõe que os dois grandes credos culturais (psicologia e feminismo liberal) moldaram as identidades do século XX e criaram um modelo cultural de intimidade. As novas definições de prazer sexual e sexualidade feminina também fizeram com que as mulheres reivindicassem mais e mais igualdade e semelhança com os homens. Além disso, o entrelaçamento entre terapia e feminismo produziu um vasto processo de racionalização das relações íntimas. Sendo que ambas instituíram muitas estratégias psicológicas, físicas e afetivas de transformação do eu.

5. Curiosamente, os grupos de apoio e a terapia sexual têm voltado a ganhar força no século XXI, inclusive nas redes sociais.

Até mesmo Simone de Beauvoir se utilizou do ponto de vista psicanalítico para estabelecer sua discussão sobre a aspiração das mulheres pela conquista da sexualidade, não atrelada unicamente à função reprodutiva. Ela aponta para a separação entre o prazer sexual e a função da procriação, pensando mais a fundo sobre uma ruptura da sexualidade humana com o biológico, já no final da década de 1940. Relembramos esse ponto para refletir sobre essa articulação entre o movimento de emancipação das mulheres com o discurso psicanalítico que, por sua vez, formula a sexualidade humana em ruptura com o estritamente biológico (NERI, 2005). Antes de Beauvoir, outras também apontavam nessa direção, mas sua obra foi de grande impacto na cultura e é considerada referência nessa discussão, sendo retomada principalmente nas décadas de 1960 e 1970, com a segunda onda feminista.

Relembremos ainda que a coincidência histórica do surgimento dos discursos feministas e psicanalíticos ocorre com Freud, no final do século XIX (primeira onda feminista) e é repetida com Lacan, que foi contemporâneo da eclosão do movimento feminista dos anos 1970 (segunda onda), na França – embora o discurso analítico tenha sido de oposição ao movimento feminista em alguns momentos (NERI, 2005). Algumas discussões feministas, ainda na virada do século XIX para o século XX, apontaram cobranças à psicanálise, na figura do próprio Freud; e a Lacan, na segunda metade do século XX, referentes à concepção do *falo* como significante estrutural do psiquismo e com base nas estruturas elementares de parentesco de Lévi-Strauss. Assim, os debates e críticas a conceitos trabalhados pela psicanálise, tais como, *falo*, *complexo de Édipo* e *diferença sexual* – pontos importantes ao estudo da histeria – também são bastante relevantes ao contar a história da relação entre feminismo e psicanálise.

Pudemos observar como o feminismo e a psicanálise, mesmo que involuntariamente, se revelaram aliados culturais e fizeram empréstimos recíprocos que viriam a construir a vida afetiva e a luta pela emancipação política da mulher contemporânea, apesar de encararem algumas discordâncias relevantes durante esse percurso. Propomos que a Mulher-Maravilha, surgida em 1941, foi um reflexo na cultura, fruto da convergência e trocas entre as pautas do movimento feminista e a psicologia/psicanálise, da virada do século XIX para o século XX. Isso porque seu criador era assumidamente apoiador dos ideais feministas, defendidos especificamente na primeira onda feminista, presenciados por ele em sua vida universitária e por meio de suas esposas e familiares ativistas. Aquele era um feminismo das primeiras pautas das mulheres, mas já colocava suas marcas em produtos culturais de grande repercussão, como a personagem em voga.

A Mulher-Maravilha e sua relação com os movimentos pela libertação feminina e com a psicologia

William Mouton Marston – pós-graduado em psicologia, em Harvard – acreditava que as mulheres deviam governar o mundo porque o amor seria mais poderoso que a força e as mulheres seriam suas principais representantes. Marston imprimiu essa filosofia, juntamente com a mitologia grega e os resultados de suas pesquisas, nos enredos da personagem. E a filosofia do "*Woman and the New Race*", de Margareth Sanger, importante feminista daquele período, viria a ser precisamente a filosofia da Mulher-Maravilha, na década de 1940 (LEPORE, 2017).

Sob a influência da psicanálise, durante o início do século XX, os psicólogos estavam interessados no tema: sexo. Naquele período, foram criados testes para medir "masculinidade" e "feminilidade", além de identificar os comportamentos considerados desviantes; ou seja, inicia-se um trabalho de "quantificação das subjetividades". Marston também se interessou por todo esse universo e dentre seus estudos ele queria saber de que forma o cérebro feminino teria um funcionamento diferente do cérebro masculino. Ele e sua esposa, Elizabeth Holloway, realizaram exames de pressão arterial em homens e mulheres, que, por sua vez, recebiam estímulos de alegria e tristeza, ou seja, uma psicologia estava sendo utilizada e experimentada.

Marston acreditava que as mulheres eram mais emotivas e que suas emoções estavam relacionadas à sexualidade. Assim, as mulheres seriam mais propensas a sentir raiva, enquanto os homens seriam mais propensos a sentir medo. Mas, para Lepore (2017), o que ele gostava mesmo era de fazer experimentos em que as mulheres ficassem excitadas. Juntamente com sua futura segunda esposa, Olive Byrne, enquanto esta era sua aluna assistente (1925-1926), Marston realizou um estudo em que queria saber como as mulheres se sentiam quando eram amarradas e como outras se sentiam ao serem espancadas (LEPORE, 2017).

As obras literárias feministas daquele período também foram fonte de inspiração para o enredo original da Mulher-Maravilha. A história inicial dessa personagem - na qual o capitão Steve Trevor cai com seu avião na Ilha Paraíso e Diana, a princesa das amazonas, apaixona-se por ele –, saiu direto do poema "Child of the Amazons", de Max Eastman, e do livro *Angel Island*, de Inez Haynes Gillmore. Outra inspiração para os roteiros da Mulher-Maravilha é Charlotte Perkins Gilman, com seu texto de 1915, *Herland* [Terra das Mulheres], romance utópico no qual as mulheres vivem totalmente livres dos homens e geram apenas filhas por meio da partenogênese – em uma das histórias que contam a origem da Mulher-Maravilha, a rainha Hipólita molda no barro a sua filha, a princesa Diana, que viria se tornar a Mulher-Maravilha (apenas em versões mais recentes, Diana surge a partir do relacionamento entre Hipólita e o deus grego Zeus). Na ficção feminista pré-guerra, do início do século XX, as mulheres dominam o mundo com paz e igualdade até que os homens chegam e ameaçam trazer a guerra e a desigualdade – fato semelhante motiva que as amazonas se isolem dos homens na Ilha Paraíso e fundem Themyscira, terra natal da Mulher-Maravilha (LEPORE, 2017). Podemos destacar que as diferenças entre homens e mulheres eram salientadas nas histórias da referida personagem. Até mesmo a maternidade solo já era um tema que surgia como pano de fundo naquele enredo original.

A personagem Mulher-Maravilha surgiu, mais especificamente, no contexto da Segunda Guerra Mundial, num período onde houve uma maior abertura social e profissional para as mulheres em geral e onde se vivenciavam novas configurações sociais no que se refere à atuação da mulher e do homem, nos espaços sociais e privados, e dos novos confrontos de forças perante demarcações do que se entende por feminilidade e masculinidade. Lembremos que, segundo Illouz (2011), a chegada das mulheres para o trabalho nas fábricas – impulsionado especialmente no período das Grandes Guerras –, teria feito com que a organização social do capitalismo colocasse homens e mulheres, especialmente da classe média, a se concentrarem em sua vida afetiva, tanto na esfera pública quanto na esfera privada, a partir de novos modelos de comunicação, pautados pelas teorias da administração, psicologia e feminismo.

Nesse contexto, os anos em que o mundo vivia a tensão de um novo conflito bélico em escala mundial foram primordiais tanto para a preparação do terreno para a expansão da ocupação dos espaços sociais pelas mulheres, quanto para o surgimento da Mulher-Maravilha. Assim, o fato de os homens estarem voltados para as Grandes Guerras permitiu às mulheres a abertura para novas práticas, amparadas por discussões anteriores que reivindicavam maior autonomia e participação na vida pública.

Naquele período acontecia o enorme sucesso dos quadrinhos de super-heróis (Super-Homem e Batman surgiram em 1938 e 1939, respectivamente). Marston se utiliza de sua relação com o feminismo da virada para o século XX e de seu conhecimento de psicologia para criar a Mulher-Maravilha, em 1941, ainda assim propõe que sua super-heroína se enquadre em determinados padrões para atrair e ter poder de convencimento diante de seu público (ser boa e bela). Assim, podemos observar que, de certa forma, sua HQ fora criada para registrar um grande movimento em curso, o crescimento do poder da mulher, mas, ao mesmo tempo, se utilizava de determinados estereótipos e modelos definidos pelo patriarcado para ocupar espaço em um mercado em ascensão.

Marston pretendia que a sua personagem estabelecesse entre as crianças e jovens um modelo de feminilidade forte, livre e corajosa, além de combater a ideia de que as mulheres seriam inferiores aos homens e inspirar meninas à autoconfiança e realizações no atletismo e demais funções e profissões até então monopolizadas pelos homens (LEPORE, 2017). A ideia era de fazer uma manipulação psicológica, e, obviamente, tem a ver com o desenvolvimento da psicologia como ciência e sua difusão na cultura já naquele período e aponta para a nossa hipótese de que feminismo e psicologia/psicanálise convergem para a indústria cultural também por meio da Mulher-Maravilha.

Illouz (2011) sugere que, ao longo do século XX, houve uma crescente androginização afetiva de homens e mulheres, graças aos efeitos conjuntos da estrutura do conhecimento psicológico, do feminismo e da democratização do trabalho e da vida afetiva. Lembremos que esses valores estão fortemente presentes também na Mulher-Maravilha, que busca reunir características supostamente femininas como ser piedosa e empática, sem deixar de ser bela; mas, ao mesmo tempo, valorizando características geralmente atribuídas aos ideais de masculinidade e virilidade, tais como firmeza e força.

Um dado interessante é que não foi um problema, naquele momento, a Mulher-Maravilha ter sido criada por um homem em homenagem às mulheres, mas hoje, provavelmente, essa ação seria problematizada, uma vez que estamos diante dos debates identitários que questionam o silêncio imposto aos sujeitos colonizados ou subalternos. Nesse contexto, autoras como Djamila Ribeiro (2017), ancorada em pensadoras como Gayatri Spivak, por exemplo, defendem que os grupos oprimidos podem e devem falar por si. Essas autoras apontam ainda para as evidências sobre como as condições sociais institucionalizadas teriam o papel de dificultar a visibilidade e a legitimidade de produções políticas, culturais e intelectuais das chamadas minorias. O conceito de "lugar de fala", por exemplo, propõe que certos grupos ocupam lugares sociais e têm experiências individuais marcadas por diferenças de raça, gênero, classe e sexualidade. Nesse sentido, as produções intelectuais, saberes, vozes e experiências de integrantes de grupos marginalizados são tratadas de forma subalternizada e estruturalmente silenciadas. Sendo assim, como o lugar social ocupado pelos sujeitos podem limitar determinados acessos, busca-se promover uma multiplicidade de vozes para romper com o discurso autorizado e pretensamente universal.

Outra característica que chama a nossa atenção quanto à Mulher-Maravilha são os limites e potencialidades desta como representante de uma potência de resistência da mulher e do feminino. Parece-nos importante trazermos a reflexão sobre como essa personagem também está inserida na discussão sobre os produtos e políticas, surgidas durante o século XX, que difundem a busca pela autonomia ou sensação de liberdade e subversão, sem sair da lógica burguesa. Ou seja, muitas vezes, representam apenas a captura neoliberal de pautas progressistas para fins mercadológicos. Assim, nos interessa apontar que a referida personagem, como produto da cultura, nos mostra também a sua ambiguidade ao estar ligada a uma indústria específica, enquanto, ao mesmo tempo, é considerada um reflexo de movimentos subversivos, especificamente, no que se refere à dominação masculina.

Entretanto, não podemos negar que essa personagem representa liderança feminina, ousadia e voz ativa, além disso, o corpo feminino é colocado em evidência, talvez nem sempre pelos melhores motivos, mas, provoca reflexões e ocupa espaços. Afinal, podemos dizer que ser vista numa posição como esta foi um grande passo na década de 1940. Assim, apesar de suas contradições (e quem não as têm?), a Mulher-Maravilha retratou diferentes fases do feminismo – afinal ela sobrevive até os nossos dias –, e da sociedade e as mulheres de cada época, como sujeitos que adentravam o espaço público de forma um pouco mais expressiva - para nunca mais abrir mão deste.

No entanto, com a morte de Marston, em 1947, a personagem passa a não ter o caráter progressista de outrora. A Mulher-Maravilha começa então a ser um retrato fiel da realidade social de cada época pela qual transcorria. Especialmente nos anos 1950, as mulheres norte-americanas, que haviam trabalhado durante a guerra e foram cruciais naquele período, ouvem que seus serviços não são mais necessários e que deveriam pedir demissão, se casar (caso ainda não fossem casadas), terem filhos (caso não os tivessem) e deixar as vagas de trabalho para os homens que voltavam da guerra. Seus salários foram diminuídos, as creches foram fechadas e as mulheres trabalhadoras foram sendo recolhidas unicamente aos espaços domésticos. Com a Mulher-Maravilha fatos semelhantes acontecem (LEPORE, 2017).

O desenvolvimento dos meios de comunicação articula uma nova utopia de comportamento que se tornaria onipresente e daria novo significado a atos de consumo. A cultura de massa transformaria o amor romântico em um dos mitos mais difundidos da vida americana contemporânea, sendo o amor e o casamento equalizados com a felicidade. A cultura de massa transforma o antigo ideal romântico em uma "utopia visual" que combinava elementos do "sonho americano" de riqueza e autossuficiência com a fantasia romântica. Assim, embora o tema não tenha nascido com os filmes e demais produtos da cultura, estes forneceram suprimentos inesgotáveis sobre o tema (ILLOUZ, 1997). E essa relação pode explicar os desdobramentos sofridos pela nossa personagem de destaque, durante as décadas de 1950 e 1960.

Enquanto, entre os anos 1950 e 1970, os outros quadrinhos norte-americanos estavam focados em temas como Guerra do Vietnã, as premissas de busca pela paz no mundo, além das questões mitológicas e psicológicas da personagem Mulher-Maravilha, foram abandonadas. Ao mesmo tempo, a presença e vinculação amorosa de Diana com o personagem Steve Trevor aumentaram. Este passa a ser a fonte de estabilidade psicológica da heroína e a luta contra o mundo do patriarcado, os ensinamentos das amazonas sobre o amor, paz e respeito e a igualdade de tratamento e oportunidades entre homens e mulheres definitivamente tinham sido abandonadas (CHACON, 2010). Mas, esse período é também marcado por muitas transformações políticas e sociais, dentre elas, maior poder de decisão por parte das mulheres perante o próprio corpo, com marcos como a popularização da pílula anticoncepcional - que permite maior controle sobre a reprodução por parte das mulheres -, mas também em relação à expressão verbal, vestuário, costumes etc.

Durante os anos 1970, no movimento feminista dominava a ideia de que a circunscrição da vida das mulheres ao papel de mãe e esposa produziria uma tendência à tacanhez de espírito, à inveja mesquinha, à possessividade, à falta de visão e ao conservadorismo. Falava-se também das condições de trabalho e da formação profissional das mulheres, do papel dos *mass media* na construção das representações das mulheres e dos direitos de reprodução (FERREIRA, 1988). A partir de então, o movimento feminista parecia estar à beira do sucesso duradouro, com a defesa de pautas pelos direitos iguais em todas as esferas políticas e sociais (LEPORE, 2017). Algumas feministas daquele período (representadas por Glória Steinem, criadora e editora da revista *Ms.*), resgatam a HQ das suas infâncias para trazer uma personagem que representasse uma mulher forte e entoasse as reivindicações de sua época. Talvez como resultado dessa nova ressignificação da personagem (mas, também de uma reformulação interna da própria DC), na década de 1980, sob supervisão de George Pérez, a Mulher-Maravilha é reformulada e retoma o caminho aberto por Marston, mas com as demandas dos novos tempos.

Considerações Finais

No século XXI, a Mulher-Maravilha continua durona e gentil, nas palavras de Patty Jenkins – diretora dos longas-metragens da DC, de 2017 e 2020 – que, por sua vez, acrescenta que a Mulher-Maravilha é a heroína do futuro. Essas palavras não nos lembram de outra coisa senão das intenções iniciais do Dr. Marston, afinal, ele pressagiou esse destino para as mulheres.

A Mulher-Maravilha tem sido utilizada para falar sobre representatividade e empoderamento feminino e sobre os motivos e consequências da invisibilização da mulher enquanto protagonista de seu destino. Mas, ao mesmo tempo, podemos trazer as questões: até que ponto a reinvenção dessa personagem representa uma real subversão de valores? Ela pode ser entendida como mais um símbolo da captura de uma pauta e personagem pelo mercado? O que, para nós, está claro é que a personagem demonstra os conflitos em curso na sociedade do século XX e XXI, proporcionados por um conjunto de forças, desde econômicas até sociais e culturais. O mulherão norte-americano, ícone pop, que renasceu com o "boom" do feminismo nas redes sociais e com o entusiasmo dos espectadores pelos super-heróis tem ganhado mais espaço atualmente, inclusive no cinema. A juventude, que adotou os personagens antes limitados às revistinhas, agora lota as salas de cinema e dá grandes bilheterias aos estúdios que apostaram nesse produto da cultura contemporânea.

Nesse percurso da personagem, acabamos nos deparando com o papel da psicologia e, em especial, da psicanálise, como interlocutoras do feminismo e seus representantes na cultura. Vimos que tanto Freud (especialmente na virada do século XIX para o século XX) quanto Lacan (especialmente nos anos 1960 e 1970) foram contemporâneos de grandes momentos do movimento feminista (primeira e segunda onda, respectivamente), e tocaram em questões cruciais que, apesar das oposições, mereceram atenção por parte das intelectuais feministas de hoje e de outrora. Esse entrelaçamento chamou a nossa atenção porque todos os envolvidos trouxeram, juntos ou individualmente, consequências para a cultura e para o destino das "questões das mulheres" nos séculos XX e XXI.

Para Neri (2005), a singularidade da revolução feminina é a de ter sido a única revolução do século XX que se opera não no sentido de uma tomada de poder, mas com a micropolítica que transforma radicalmente os laços sociais. Ela acrescenta que o movimento das mulheres ganha ao ser pensado como resistência ao assujeitamento de que fala o último Foucault. As mulheres passam a não perguntar o que são e a negar o que outros dizem que elas são. Além disso, o discurso sobre a essência dos sexos, no qual sua identidade é atrelada à natureza e à reprodução, é refutado e o feminino passa a questionar a identidade masculina atrelada ao espírito e à razão e promove a desconstrução da dualidade, o que possibilita o surgimento de novas configurações socioculturais. Com base em Foucault, a autora nos alerta ainda que não se trata de uma libertação sexual, visto que esta não poderia ser concebida fora do poder. Entretanto, esse jogo de forças entre sexualidade e poder teria possibilitado, em certas condições históricas, minorias desejantes que puderam produzir novas formas de subjetivação.

Com este trabalho, pretendemos lançar um olhar para essa HQ na esperança de que sua leitura sirva como uma possibilidade de imersão em um material representante do movimento histórico-cultural que articulou os novos meios de comunicação em massa (HQs, cinema, literatura de autoajuda etc.), psicologia/psicanálise e feminismo nos últimos séculos e que revolucionou as relações e os papeis sociais.

Referências

BIRMAN, J. **Arquivos do mal-estar e da resistência**. Rio de Janeiro: Civilização Brasileira, 2006.

CHACON, B. C. P. **A mulher e a Mulher-Maravilha: uma questão de história, discurso e poder (1941 a 2002)**. Dissertação de Mestrado, Pós-Graduação em História Social, Universidade de São Paulo, 2010.

FERREIRA, V. O feminismo na pós-modernidade. **Revista Crítica de Ciências Sociais**, n. 24, p. 93-106, mar. 1988. Disponível em: <https://estudogeral.sib.uc.pt/handle/10316/10822 >. Acesso em: 4 set. 2020.

ILLOUZ, E. **Consuming the romantic utopia: love and the cultural contradictions of capitalism**. Berkeley/Los Angeles: University of California, 1997.

______. **O amor nos tempos do capitalismo**. Rio de Janeiro: Jorge Zahar, 2011.

LEPORE, J. **A história secreta da Mulher-Maravilha**. Trad. Érico Assis. Rio de Janeiro: Best Seller, 2017.

NERI, R. **A psicanálise e o feminino: um horizonte da modernidade**. Rio de Janeiro: Civilização Brasileira, 2005.

PINTO, C. R. J. Feminismo, História e Poder. **Rev. Sociol. Polít.**, Curitiba, v. 18, n. 36, p. 15-23, jun. 2010. Disponível em: <http://www.scielo.br/pdf/rsocp/v18n36/03.pdf>. Acesso em: 17 ago. 2020.

RIBEIRO, D. **O que é lugar de fala?** Belo Horizonte: Letramento/Justificando, 2017 (Feminismos plurais).

SHOWALTER, E. **Anarquia sexual: sexo e cultura no *fin de siècle***. Trad. Waldéa Barcellos. Rio de Janeiro: Rocco, 1993.

______. **Histórias histéricas: a histeria e a mídia moderna**. Trad. Heliete Vaitsman. Rio de Janeiro: Rocco, 2004.

SILVA, C. & CAMURÇA, S. **Feminismo e movimentos de mulheres**. Recife: SOS Corpo/Instituto Feminista para a Democracia, 2010. Disponível em: <http://biblioteca.clacso.edu.ar/Brasil/sos-corpo/20170920041351/pdf_950.pdf>. Acesso em: 17 ago. 2020.

A MELANCOLIA DE GÊNERO: UMA INTRODUÇÃO

José Stona e Daniel Coelho

Assim, refugiando-se no Eu, o amor escapa à aniquilação.
(Sigmund Freud; "Luto e melancolia")

Nos últimos anos, presenciamos o termo "gênero" ganhar maior materialidade em diversos espaços do campo público e privado. Tal proliferação discursiva deixa de ser algo apenas das arenas teóricas e percorre o cotidiano de todos nós, em escolas, redes sociais, famílias ou clínicas, provocando um certo desacomodamento de estruturas que, embora ainda presentes, são constantemente encobertas e levadas a permanecer em silêncio. Agora, com a ascensão cada vez mais frequente de programas midiáticos, disciplinas curriculares, debates teóricos interdisciplinares e outras tantas ações interseccionais, percebemos que essa incitação das temáticas de gênero reforça a tarefa de (re)visitarmos seus efeitos, sejam eles positivos ou negativos nos processos de subjetivação.

O presente capítulo visa a refletir sobre esse panorama, partindo de um percurso introdutório e elucidativo da noção de melancolia de gênero proposto pela autora Judith Butler. Esse conceito emerge inicialmente em sua mais famosa obra, *Problemas de gênero: feminismo e subversão da identidade* (BUTLER, 2018) que, neste ano de 2020, comemora trinta anos de publicação, e segue em elaboração, direta ou indiretamente, durante todo o seu projeto filosófico. A melancolia de gênero se oferece como um caminho possível para nossa reflexão, articulando as formas pelas quais o gênero é elaborado subjetivamente a determinados procedimentos psíquicos de poder.

Antes de prosseguirmos, é fundamental retomarmos os conceitos e as discussões que antecedem a concepção de melancolia de gênero. Como a sua conceituação perpassa dois grandes eixos centrais de discussão teórica

– a psicanálise freudiana e a teoria feminista – vamos relembrar, de início, as propostas psicanalíticas da melancolia a partir de dois textos renomados de Freud: "Luto e melancolia" (1917/2010) e "O Eu e o Isso" (1923/2011). Posteriormente, faremos uma breve volta à crítica de Judith Butler a teoria feminsita e à apresentação do seu conceito de gênero como performativo.

A extraordinária diminuição do sentimento de si

O interesse de Freud sobre o tema da melancolia o levou, no início de sua produção, a tentar explicá-la em termos neurológicos. Desde o rascunho G, enviado a Fliess em 1895, já encontramos interrogações sobre o tema (EDLER, 2008). Nesses textos, Freud destaca certas manifestações clínicas da melancolia, a exemplo da apatia, do desinteresse, do empobrecimento da excitação, do cansaço, da fraqueza, da perda da vitalidade e do desinteresse pela vida. O resultado, contudo, não foi muito satisfatório e o trabalho não foi à frente.

Anos mais tarde, com a publicação de "Luto e melancolia" (1917/2010), Freud retoma o problema a partir de sua dimensão metapsicológica. Nesse texto, o autor tenta fazer uma distinção nítida entre esses dois processos psíquicos desencadeados diante da perda de um objeto – o luto e a melancolia. Via de regra, "o luto é a reação à perda de uma pessoa amada ou de uma abstração que ocupa seu lugar, como pátria, liberdade, um ideal etc." (FREUD, 1917/2010, p. 128). Essa reação é considerada esperada, legítima. Segundo Freud, seria inapropriado e mesmo prejudicial perturbar esse processo.

Já a melancolia é um processo mais obscuro, que não é esperado e é considerado, com frequência, como algo a ser tratado medicamente. Caracteriza-se por um abatimento que gera "o desinteresse pelo mundo exterior, perda da capacidade de amar, inibição de toda atividade e diminuição da autoestima, que se expressa em recriminações e ofensas à própria pessoa e pode chegar a uma delirante expectativa de punição" (Ibid.). A aproximação com o processo do luto revela uma única diferença entre eles: no luto não há o extraordinário rebaixamento da autoestima e o enorme empobrecimento do Eu, presentes na melancolia. No luto, é o mundo que se torna pobre e vazio; na melancolia, é o próprio Eu.

Rivera (2012) assinala que uma das principais lições desse texto é percebermos que não é suficiente que o objeto desapareça para que dele nos separemos. É imprescindível um verdadeiro trabalho psíquico sobre a perda, que deve ocorrer em ambos os processos (no luto e na melancolia). Uma tarefa lenta e dolorosa, por meio da qual o Eu renuncia ao objeto que perdeu e desliga a libido investida nele. Contudo, a melancolia, ao fazer essa perda recair sobre o próprio Eu, acaba por revelar alguns aspectos da constituição e do funcionamento dessa instância. Em primeiro lugar, a exagerada autocrítica do melancólico acaba por se aproximar muito da própria crítica do Eu em curso na psicanálise de Freud: o egoísmo, a mesquinhez, a falta de autonomia, a tentativa de esconder as fraquezas, tudo isso é apontado também pela concepção psicanalítica de Eu. Em segundo lugar, toda essa autocrítica só parece se tornar possível na medida em que ela própria se dirige a uma parte do Eu que se modificou, como consequência da perda do objeto. Assim, na melancolia, o Eu toma o lugar do objeto, numa tentativa de evitar a sua perda. O destino da libido que reflui ao Eu, assim, é diferente no luto e na melancolia. No primeiro caso, um trabalho de desligamento, que termina com um Eu desimpedido para novos investimentos. No segundo caso, um trabalho de identificação, que promove uma alteração no próprio Eu:

> O Eu se toma como objeto de crítica e mortificação, graças a uma identificação com o objeto perdido, e assim, ao queixar-se de si mesmo, dá queixa do objeto. [...] O Eu se revolta contra a perda, em vez de engatar um trabalho de luto através do qual possa a ela se con-formar, identifica-se maciçamente ao objeto perdido, a ponto de se deixar perder junto com ele (RIVERA, 2012, p. 235).

A partir do texto de 1917, e após introduzir o conceito de narcisismo (que localiza o Eu como objeto de amor para si mesmo e o delineia como reservatório do qual a libido pode ser enviada e retirada dos demais objetos), Freud mostra, segundo Rivera (2012), como a melancolia está direcionada à face obscura desse jogo entre sujeito e objeto. O fenômeno, assim, é fundamental para a compreensão da forma de configuração ordinária do processo de subjetivação e da constituição do Eu:

> Foi-nos dado esclarecer o doloroso infortúnio da melancolia, através da suposição de que um objeto perdido é novamente estabelecido no Eu, ou seja, um investimento objetal é substituído por uma identificação. Mas ainda não reconhecíamos, então, todo o significado deste processo, e não sabíamos como ele é típico e frequente. Desde então compreendemos que tal substituição participa enormemente na configuração do Eu e contribui de modo essencial para formar o que se denomina seu caráter (FREUD, 1923, p. 35).

Assim, a segunda tópica freudiana, proposta em 1923, toma a identificação melancólica como um dos principais modelos para pensar a própria constituição do Eu e de suas diferenciações, o ideal do Eu e o Super-eu. Freud especula que talvez seja essa a condição a partir da qual o Eu possa abandonar seus objetos. A identificação melancólica com o objeto perdido, assim como a influência dos investimentos objetais, produz o que Freud chama de "caráter" do Eu, um jogo tenso e instável no qual as identificações resistem umas às outras.

> De todo modo, o processo é muito frequente, sobretudo nas primeiras fases do desenvolvimento, e pode possibilitar a concepção de que o caráter do Eu é um precipitado dos investimentos objetais abandonados, de que contém a história dessas escolhas de objeto. Desde logo há que se conceder, naturalmente, uma gradação da capacidade de resistência, até que ponto o caráter de uma pessoa rejeita ou acolhe estas influências da história de suas escolhas eróticas de objeto (FREUD, 1923, p. 36).

A citação transcrita, que imprime uma marca fundamental para percebermos a relação da melancolia na configuração do Eu, permite que sigamos nossa argumentação: trata-se de apontar o papel fundamental do trabalho sobre a perda do objeto na concepção do Eu e de sua construção.

Longe de ser uma unidade narcísica irredutível e capaz de assegurar alguma "identidade", "o Eu não é mais do que um mosaico de traços de objetos perdidos" (RIVERA, 2012, p. 235). Essas perdas terão uma relação direta com a concepção de gênero proposta por Butler.

Gênero como um problema

...não existe um "ser" por trás do fazer, do atuar, do devir; o agente é uma ficção acrescentada a ação – a ação é tudo (Judith Butler; *Excitable speech*).

As temáticas feministas e dos estudos de gênero moveram múltiplas discussões ao longo do tempo, desde a divisão sexual do trabalho de forma desigual (FEDERICI, 2017), até a descrição de um regime farmacopornográfico em ação na vida cotidiana (PRECIADO, 2018). Todavia, algo que sempre esteve muito presente nessas discussões é a divisão conceitual que pauta o sexo atrelado ao campo de um determinismo biológico (natureza) e o gênero atrelado ao campo de um construcionismo social (cultura). Nesse cenário de separação, que durou décadas e ainda provoca efeitos éticos, estéticos e políticos em todos os campos de poder, saber e ser, é que Butler compõe **Problemas de gênero: feminismo e subversão da identidade**.

A obra, dividida em três capítulos, tem por objetivo pensar a maneira como as fábulas de gênero estabelecem e fazem circular sua denominação errônea de fatos naturais. Seu desafio foi produzir uma genealogia da produção feminista sobre a categoria "mulher", compreendendo como a genealogia dessa categoria ajuda a decifrar a produção da identidade e o modo como a identidade se torna o fundamento ontológico de um ser. É na produção de uma crítica severa à teoria feminista – que pautou sua agenda teórica e sua luta política a partir do conceito de "mulher" como sujeito universal (seja a partir de uma teoria da natureza ou da cultura), que a autora evidencia o colapso da política identitária a partir da problematização do conceito de gênero.

Butler (2018), a partir da noção do sistema sexo/gênero articulado pela ordem compulsória do sexo/gênero/prática sexual e desejo, torce a tese estruturalista de que, em primeiro lugar, teríamos o plano da natureza e, de lá viriam as relações de gênero - ou seja, que a natureza seria tábua rasa à espera de inscrição. A autora propõe justamente que não há como saber o que vem primeiro, entre natureza e cultura, não havendo possibilidade de pensarmos onde inicia um e onde termina o outro. Assim, ela desassocia e reposiciona a produção dessa ontologia na prática, a partir do distanciamento da ideia de gênero como identidade. Homem e mulher passam, então, a não ter nenhuma relação com o "ser", mas com o "fazer", não existindo uma identidade que seja anterior e causa do sujeito.

Valendo-se dessa torção, Butler indica outra forma de compreender o gênero, com base no caráter performativo da linguagem elaborado por Austin e complexificado por Derrida. Ou seja, um sistema de regras, convenções, normas sociais e práticas institucionais que produzem, em atos repetidos, o sujeito que pretendem descrever no interior de uma estrutura reguladora altamente rígida. O gênero passa a ser compreendido como um fazer performativo que precisa, sempre, ser reiterado para que permaneça estável, pois, se a reiteração não acontecer, corre-se o risco de ficar evidente o caráter ficcional e parodístico de sua suposta naturalidade. A questão que é assinalada é, precisamente, que essa reiteração nunca é bem-sucedida, e o processo de formação do gênero - que se dá ao longo de toda vida – carrega marcas compulsórias primordiais de organização subjetiva, referenciadas a certos jogos de verdade que tentam instaurar uma norma a partir de ideais identitários e regulatórios como formas coerentes e naturais de ser humano. Quanto a isso, é imprescindível apontar que tais processos não ocorrem sem violência, e que os corpos e as infâncias são atingidos diferentemente por tal violência a partir do quadro de gênero. Diversos dispositivos de saber e poder, como a família, a escola, a saúde, a assistência social e a cultura, tentam manter um poder de vigilância e controle das infâncias a partir do quadro cisheteronormativo (STONA, 2018).

Para evidenciar a existência desses regimes de verdade que torna certos elementos como primordiais para a produção de um sujeito, a autora vai convocar a teoria psicanalítica, que, em suas noções de complexo de Édipo, por exemplo, acaba por possibilitar o reforço de certos estereótipos normativos na constituição do sujeito. O complexo de Édipo, segundo Freud (1905/2016), estabelece, dentre outros fatores constitutivos, tanto a escolha de objeto quanto as identificações. A pequena criança, na sua travessia edípica, deve configurar seu desejo e seu ser, a partir de uma situação pensada tradicionalmente na triangulação, plena de desejos e interdições, entre a criança, o pai e a mãe. O Édipo re-inscreveria, para cada sujeito, a interdição cultural fundante do incesto, determinando ao mesmo tempo o que ele deve ou não desejar, e aquilo que ele deve ou não ser.

Porém, Butler (2018) nota que não é apenas o tabu do incesto que está em questão na formação do sujeito. Há outra proibição em jogo, pois as interdições do complexo de Édipo devem também instalar, tradicionalmente, o pequeno sujeito na normatividade heterossexual. Ora, se essa disposição for a condição de possibilidade para uma vida simbólica ou culturalmente inteligível, "o amor homossexual surge como o ininteligível dentro do inteligível: um amor que não tem lugar em nome do amor, uma posição dentro do parentesco que não é uma posição" (BUTLER, 2004, p. 160). Ou seja, há também uma interdição, ainda mais escamoteada: o tabu da homossexualidade.

Butler (2018) aposta, assim, na desarticulação da edipianização referente à tese de uma matriz heterossexual na construção do gênero. Quando o tabu do incesto trabalha no sentido de foracluir (excluir) um amor que não é incestuoso, o que é produzido é um reino sombrio do amor, um amor que persiste apesar de sua foraclusão em um modo ontologicamente suspenso. O que insurge é "uma melancolia que produz certas formas de viver e de amar como fora do habitável e fora do campo possível do amor" (BUTLER, 2000, p. 78).

A questão colocada ao psicanalista e à psicanálise, com isso tudo, é a seguinte: mesmo que tenha, no início de sua obra, apontado na direção de uma bissexualidade constitucional, e mesmo de uma sexualidade perverso-polimorfa, que interditariam qualquer razão para negar o amor sexual primordial do filho pelo pai, Freud implicitamente o faz, na constituição teórica do complexo de Édipo.

> O menino mantém, todavia, um investimento primário na mãe, e Freud observa que a bissexualidade se manifesta no comportamento masculino e feminino com que o menino tenta seduzir a mãe. Mas o que condicionaria a ambivalência nesse caso? Freud sugere claramente que o menino tem de escolher não só entre as duas escolhas de objeto, mas entre as duas predisposições sexuais, masculina e feminina. O fato de o menino geralmente escolher o heterossexual não resultaria do medo da castração pelo pai, mas do medo de castração – isto é, do medo da "feminização", associado com a homossexualidade masculina nas culturas heterossexuais. Com efeito, não é primordialmente o desejo heterossexual pela mãe que deve ser punido e sublimado, mas é o investimento homossexual que deve ser subordinado a uma heterossexualidade culturalmente sancionada (BUTLER, 2018, p. 88).

Melancolia de gênero

Poucos foram os esforços para compreender a negação/ preservação melancólica da homossexualidade na produção do gênero no interior da estrutura heterossexual
(Judith Butler; *A vida psíquica do poder*).

Depois dessa incursão pela ideia de melancolia como resposta à perda de um objeto na qual o sujeito não sabe o que perdeu, em conjunto com a noção de gênero, que está relacionada ao campo de um fazer performativo e não de um ser ou ter ontológico, vamos nos aproximar do avanço proposto por Butler. A autora, a partir dessas duas ideias, apresenta a existência de algo essencial na constituição subjetiva, que teria sido deixada para trás por Freud: a formação do gênero como um dos efeitos da melancolia, ou seja, a percepção de que a instauração constitutiva pela qual todo sujeito passa para ter que "assumir um gênero", pode envolver um processo de incorporação melancólica de amores perdidos, onde o sujeito não sabe o que nem por que perdeu.

Butler (2018) retoma a ideia de Freud sobre como a melancolia "participa enormemente na configuração do Eu e contribui de modo essencial para formar caráter (FREUD, 1923, p. 35)", dizendo que não é meramente o "caráter" que está em jogo nessa relação, mas, também, a própria aquisição de uma identidade de gênero. Segundo sua interpretação, o que Freud chama de caráter do Eu parece ser "a sedimentação de objetos amados e perdidos, o resíduo arquitetônico, por assim dizer, do luto não resolvido" (BUTLER, 2017, p. 142). Considerando que "Freud sugere que a estratégia de internalização da melancolia não se opõe ao trabalho do luto, mas pode ser o único caminho em que o Eu pode sobreviver à perda de seus laços afetivos essenciais com o outro" (BUTLER, 2018, p. 85), ela questiona se as identificações que se tornam fundamentais para a formação do gênero seriam produzidas por meio dessa incorporação melancólica, marcada por uma perda não passível de luto na formação do gênero.

A melancolia de gênero passa a ser, então, a forma que Butler (2018) encontra de nomear um processo constitutivo do sujeito, ao ter que abandonar, em um momento muito precoce da vida, um objeto primordial, porém interditado, de amor. Essa interdição, não apenas implementada pelo tabu do incesto, mas também, antes disso, como vimos, pelo tabu da homossexualidade, exige a perda de certos apegos sexuais, e ainda, que essas perdas não sejam admitidas, pranteadas ou mesmo passíveis de luto. Tal movimento acaba por exercer consequências que interferem na organização de todas as instâncias psíquicas, na medida em que tentam, desde muito cedo, levar o sujeito a formar-se de determinados modos, por meio de sucessivas coerções, punições e limitações, fazendo com que, sem muitas vezes saber o motivo, o sujeito tenha que agir, pensar, sentir, fazer e ser de determinados modos. Assim, a autora resgata, amplia e evidencia como a formação do gênero de um Eu está pautada numa identificação melancólica fundamental. O sujeito surge, então, de uma melancolia constitutiva, uma perda antecipada que o leva não a anular a perda, mas a preservá-la desde sua proibição (RINCÓN, 2018).

Seguindo com Butler, podemos apontar que

> no caso de uma união heterossexual proibida, é o objeto que é negado, mas não a modalidade de desejo, de modo que o desejo é desviado desse objeto para outros objetos do sexo oposto. Mas no caso de uma união homossexual

> proibida, é claro que tanto o desejo como o objeto requerem uma renúncia e, assim, se tornam sujeitos às estratégias de internalização da melancolia (BUTLER, 2018, p. 86).

Um sujeito cisgênero e heterossexual frequentemente insiste na coerência de sua heterossexualidade sob o argumento de que nunca amou outro homem e, portanto, tampouco jamais perdeu outro homem: "esse amor, esse apego, torna-se sujeito a uma dupla renegação de nunca haver amado e jamais haver perdido. Esse nunca-jamais, portanto, funda o sujeito heterossexual" (BUTLER, 2017, p. 148).

Butler (2018) ratifica a ação de uma matriz heterossexual como fonte de regulação sobre o gênero. Hoje, entretanto, podemos ampliar essa discussão pensando não apenas na norma heterossexual, mas sim em toda uma regulação branco-cis-hetero-normativa nos processos formativos da identidade. Essa dupla renegação melancólica, constitutiva do Eu, não concerne apenas aos sujeitos que vão se posicionar em uma identidade de gênero ou escolha de objeto LGBTTQIA+, mas ocorre como um processo característico da formação do gênero em si, ou melhor, de toda identidade, para todos os sujeitos, quando temos que dizer se somos homens ou mulheres, brancos ou não brancos, cis ou trans, heteros ou homos.

Por mais que Butler (2019, p. 202) proponha que "a análise da melancolia homossexual não pode ser considerada como simétrica à análise da melancolia heterossexual", tendo em vista as maneiras de como a norma produz diferentes condições de violência de gênero, ela está longe de propor uma formação exclusiva do gênero para determinado sujeito. A autora, afinal, está mais interessada em nos fazer pensar sobre como esses processos ocorrem em sua materialidade.

> Sem dúvida, os heterossexuais praticantes têm todos os tipos de perspectivas críticas e cômicas sobre a normatividade heterossexual. Nas ocasiões em que procurei elucidar uma melancolia heterossexual, ou seja, uma recusa do apego homossexual que surge na heterossexualidade como a consolidação das normas de gênero ("sou mulher, portanto não quero uma"), estou tentando mostrar como uma proibição de certas formas de amor se instala

> como uma verdade ontológica sobre o sujeito: o "sou" de "eu sou um homem" codifica a proibição de "não amar um homem", de modo que a afirmação ontológica carregue a força da própria proibição (BUTLER, 2004, p.198).

Assim, segundo Safatle (2016, p. 190), a escolha da melancolia por Butler sublinha um modo de identificação inconsciente não pautada apenas em um mecanismo que agiria do exterior, mas principalmente como "a conformação de si a algo que tem a forma da vontade do Outro". Se pensarmos que, desde muito cedo, a "criança se sexua melancolizando-se a partir daquilo que a cultura abjeta; e, principalmente, interpretando e construindo sua identidade a partir do lugar que ela ocupa no discurso do Outro" (AMBRA, 2019, p. 57), podemos considerar que:

> Identificar-se com um gênero nos termos dos regimes contemporâneos de poder implica identificar-se com um conjunto de normas realizáveis ou não, cujo poder e condição precedem as identificações por meio das quais se intenta insistentemente se aproximar. Ser homem ou ser mulher são assuntos internamente instáveis. Estão sempre acometidos por uma ambivalência precisamente porque há um custo na assunção de cada identificação, a perda de algum outro conjunto de identificações, a aproximação forçada de uma norma que nunca pode ser escolhida, uma norma que nos escolhe, mas que nós ocupamos, invertemos e ressignificamos na medida em que ela fracassa em nos determinar por completo (BUTLER, 2019, p. 217).

Como vimos até aqui, Butler apresenta uma forma de pensar a formação do gênero como um processo constitutivo pautado pela incorporação melancólica, que faz com que certos objetos sejam postos constitutivamente como não legítimos a partir do tabu da homossexualidade e da consequente heterossexualização do desejo. Assim, tanto a masculinidade quanto a feminilidade se formam e se consolidam por meio de identificações constituídas, em parte, por um luto renegado, por uma perda que não pôde ser admitida nem pranteada, que a autora marca pela fórmula "nunca amei, portanto nunca perdi". Esses amores nunca perdidos, quando acontecem, só o fazem "sob o signo oficial de sua proibição e renegação" (BUTLER,

2017, p. 147). Aceitar essas normas como coextensivas à inteligibilidade cultural é aceitar uma doutrina que se torna o próprio instrumento pelo qual essa melancolia é produzida e reproduzida em nível cultural.

Considerações finais

À guisa de conclusão, gostaríamos de ampliar um pouco mais essa discussão sugerindo algumas questões: se o gênero é um processo primitivo de identificação melancólica, ele certamente não tem um fim programado ou esperado, sendo sua resolução hipersingular. Porém, haveria um desfecho suficientemente bom de elaboração na escuta e intervenção clínica - mesmo para a psicanálise, que sempre defendeu a singularidade dos processos que envolvem um sujeito? Ainda que essa singularidade esteja apontada tanto em sua postura clínica, como em sua orientação teórica, e não obstante também por sua ética e sua política, é apenas com enormes resistências que os estudos de gênero são recebidos pelos psicanalistas, a exemplo da fala de Preciado (2019) na 49ª Jornada da Escola da Causa Freudiana, sobre a ortodoxia na teoria e formação de psicanalistas.

Ainda hoje, em mais de setenta e dois países, ainda é crime ser LGBTTQIA+. O Brasil é líder em taxas de mortalidade dessa população. Como podemos relacionar a melancolia de gênero aos efeitos dessa cultura? Como isso afeta nossa escuta clínica e nossa intervenção? Que tipos de impossibilidades de elaboração ocorrem quando um governo descarta e discrimina as diversidades sexuais e de gênero?

Podemos pensar em uma forma de melancolia culturalmente produzida e que predominantemente sinaliza que a perda dos investimentos LGBTTQIA+ não são passíveis de luto. Sem reconhecimento dessas perdas, não se pode nomeá-las, não se pode elaborá-las. Quando a interdição sobre o luto dessas perdas ganha estatuto de discurso político, "a melancolia assume dimensões culturais de consequência imediata" (BUTLER, 2017, p. 148). A melancolia de gênero na clínica nos lembra que o caminho clínico-político proposto pela psicanálise está sempre atrelado à história singular de cada um. Essa história é atravessada pelo Outro, pelo seu enigma, pela sua violência, com os quais o sujeito deve se arranjar. É nesse jogo que se produz o sofrimento que acolhemos na clínica, e não em um campo intrapsíquico individual, sempre idêntico a si, que por algum motivo se vê adoecido. É impossível tratar esse assunto tão pessoal de maneira que ele não esbarre exatamente no político. A conformação pessoal é efeito do político, assim como político sofre os efeitos das conformações pessoais. Não se trata de doença, mas de cultura.

Assim, é preciso tomar uma postura política. Devemos legitimar novas formas de parentesco fora da estrutura da heterossexualidade, novas formas de relação para além da monogamia e ter, em nosso horizonte ético-político, uma relação com o campo do pós-identitário que salienta uma não linearidade entre sexo, gênero, identidade, prática sexual e desejo, possibilitando para o sujeito a superação da raiva silenciosa de seus próprios repúdios (BUTLER, 2000). Por fim, acreditamos que é crucial mantermos essas questões em aberto para que possamos trabalhar teórica e politicamente em coalizões mais amplas.

Referências

AMBRA, P. O gênero endereçado: Butler, Lacan e Laplanche. In: **Psicanálise, sexualidade e gênero: um debate em construção**. São Paulo: Zagodoni, 2019.

BUTLER, J. **Excitable speech: A politics of the performative**. New York: Routledge, 1998.

______. **Antigone's claim kinship between life and death**. New York: Columbia University Press, 2000.

______. **Precarious life**. London: Verso, 2004.

______. **A vida psíquica do poder: teorias da sujeição**. Trad. Rogério Bettoni. Belo Horizonte: Autêntica Editora, 2017.

______. **Problemas de gênero: feminismo e subversão da identidade**. Rio de Janeiro: Civilização Brasileira, 2018.

______. **Corpos que importam: os limites discursivos do "sexo"**. São Paulo: n1- edições, 2019.

EDLER, S. **Luto e melancolia: à sombra do espetáculo**. Rio de Janeiro: Civilização Brasileira, 2008.

FEDERICI, S. **Calibã e a bruxa: mulheres, corpo e acumulação primitiva**. Trad. coletivo Sycorax. São Paulo: Elefante, 2017.

FREUD, S. (1905) Três ensaios sobre a teoria da sexualidade. In: **Obras completas, v. 6**. Trad. Paulo César de Souza. São Paulo: Companhia das Letras, 2016.

FREUD, S. (1917) Luto e melancolia. In: **Obras Completas, Introdução ao narcisismo, ensaios de metapsicologia e outros textos, v. 12**. Trad. Paulo César de Souza. São Paulo: Companhia das Letras, 2010.

FREUD, S. (1923/2011) O Eu e o Isso. In: **Obras Completas, v. 16**. Trad. Paulo César de Souza. São Paulo: Companhia das Letras, 2011.

PRECIADO, P. B. **Testo junkie. Sexo, drogas e biopolítica na era farmacopornográfica**. São Paulo: n-1 edições, 2018.

______. Um apartamento em Urano (Conferência). **Lacuna: uma revista de psicanálise**, São Paulo, n. 8, p. 12, 2019. Disponível em: <https://revistalacuna.com/2019/12/08/n-8-12/>. Acesso em: 4 set. 2020.

RINCÓN, C. Melancolia de género. Una tristeza que dura demasiado en el cuerpo. **Reflexiones marginales**. Número especial 6: Melancolía, 31 dez. 2018. Disponível em <https://revista.reflexionesmarginales.com/melancolia-de-genero-una-tristeza-que-dura-demasiado-en-el-cuerpo/>. Acesso em 3 set 2020.

RIVERA, T. Luto e melancolia, de Freud, Sigmund. **Novos estud. - CEBRAP**, São Paulo, n. 94, p. 231-237, 2012.

SAFATLE, V. Dos problemas de gênero a uma teoria da despossessão necessária: ética, política e reconhecimento em Judith Butler. In: BUTLER, J. **Relatar a si mesmo**. Belo Horizonte: Autêntica, 2016.

STONA, J. A questão subjetiva na lógica da despatologização das transidentidades: uma perspectiva psicanalítica em diálogo interdisciplinar com perspectivas críticas. **Clínica & Cultura**, São Cristóvão/SE, v. 7, n. 1, p. 38-51, jan./jun. 2018.

PROBLEMAS DE GÊNERO E SEXUAÇÃO

Flavia Bonfim

O termo "gênero" comparece na atualidade de maneira muito peculiar. Não raro envolvido em polêmicas, ele levanta clichês ("*menino veste azul, menina veste rosa*"[6]), equívocos e preconceitos (como a recusa de educação sexual nas escolas por atrelarem essa disciplina a uma suposta "ideologia de gênero") ou ainda defesas militantes (seja em prol de uma proliferação de gêneros para além do binarismo masculino-feminino, seja visando uma desconstrução completa da identidade de gênero). Se nos dias de hoje esse termo surge de tal forma, convém demarcar que não se trata de uma palavra nova. De acordo com Marie-Helene Brousse (2019), ela se encontra presente na língua desde a Antiguidade com o objetivo de classificar conjuntos ligados por alguma similaridade. Portanto, é seu uso que revela uma novidade.

A criação do conceito de identidade gênero foi realizada pelo psicólogo americano John Money em 1955, que se viu impelido a diferenciar sexo biológico de gênero masculino e feminino. Em 1968, o psiquiatra americano Robert Stoller trabalhou com esse conceito em função de sua pesquisa com transexuais e suas famílias, demarcando a influência da relação mãe-filho na construção do gênero da criança – o que o levou a questionar a teoria freudiana sobre o lugar do Édipo no desenvolvimento sexual. Contemporâneo ao ensino lacaniano, o trabalho de Stoller foi inclusive comentado e criticado pelo Lacan em uma breve passagem no

6. Frase pronunciada por Damares Alvez durante sua posse como ministra da "Mulher, Família e Direitos Humanos" em 2 de janeiro de 2019. Disponível em: <https://www.terra.com.br/noticias/brasil/politica/menino-veste-azul-e-menina-veste-rosa-diz-damares-alves-em-video,59b455c5e8b60a8e05f7d066b303d18cklfzeq42.html>. Acesso em: 8 set. 2020.

Seminário, livro 18 (1971/2009). Convém ressaltar que, nesse livro, Lacan estava justamente trabalhando com a dimensão de semblante veiculado a um discurso, bem como começava a antecipar algumas construções sobre as fórmulas da sexuação. Portanto, seu interesse se encaminhava para localizar a questão do gozo sexual para além da noção de gênero masculino/feminino, homem/mulher como semblantes. Assim, não houve nenhuma necessidade do conceito de gênero ser incorporado ao discurso psicanalítico - tal como articulado por Lacan. Além disso, poderíamos ainda dizer que o discurso do analista visa a operar a partir da noção de sujeito dividido em sua falta-a-ser, e não propriamente levando em conta algo que recubra o ser do analisando.

Entretanto, se hoje em dia os psicanalistas se atém em debater o tema da identidade de gênero é por reconhecer que, em certa medida, não é possível abordar o tema da sexualidade na contemporaneidade sem levar em conta a discussão dos *Gender Studies*. Esse reconhecimento pode ser entendido pelos efeitos que o termo "gênero" assumiu na cultura, ou seja, ele "conseguiu se impor e reorganizar o campo dos discursos" (BROUSSE, 2019, p. 67). Ele se impôs, por exemplo, ao discurso jurídico, médico, filosófico, psicológico – promovendo em diferentes níveis discussões sobre a sexualidade humana.

Um dos nomes mais proeminentes no campo dos estudos de gênero atualmente é a filósofa feminista estadunidense, Judith Butler. Ela é uma teórica contemporânea de grande impacto sobre os estudos do feminismo, gênero, teoria queer e filosofia política. Um dos seus livros mais conhecidos é justamente *Problemas de gênero: feminismo e subversão da identidade* – referência feita aqui no título desse ensaio, que aponta de onde se está partindo. Seus questionamentos sobre a identidade de gênero serão o fio condutor para abrirmos outra discussão: a questão da "sexuação" – termo empreendido por Lacan para abordar a sexualidade não mais pela dimensão da identificação, mas pelo viés do gozo. A partir disso, buscar-se-á traçar os tensionamentos que envolvem os Gender Studies e a psicanálise na discussão sobre a sexualidade.

Judith Butler e o problema da identidade de gênero

Dividido em três densos capítulos, o livro *Problemas de gênero* questiona a noção de identidade de gênero na qual está baseada a teoria feminista, por entender que ela está pautada em uma "matriz heteronormartiva" – levando Butler a propor a desconstrução dos gêneros e a formular a noção de performatividade. No primeiro capítulo, Butler (1990/2016) interroga como o movimento feminista tem sido pautado em torno da categoria "mulher" como uma identidade definida, estável e permanente. Para ela, o feminismo por meio de política de base universal, identificou o patriarcado como exclusiva forma de dominação e não levou em conta outras formas de opressão e outros eixos de poder nos quais as mulheres estão submetidas. Mais ainda, a categoria mulher do feminismo acabou sendo construída no interior de uma matriz heterossexual de poder. Com isso, Butler quer ressaltar que não é possível dissociar o gênero das interseções políticas e culturais de identidade (raciais, classistas, étnicas, sexuais e regionais) (BUTLER, 1990/2016).

Já no segundo capítulo, Butler estabelece uma série de criticas à psicanálise. A filósofa considera que as bases conceituais estabelecidas por Freud e Lacan reforçam o padrão heteronormativo por identificar a lei simbólica e primazia fálica como estruturante da sexualidade: ter o falo/homem – ser o falo/mulher (BUTLER, 1990/2016). Suas críticas levam em conta o primeiro ensino lacaniano, desconsiderando os avanços teóricos produzidos por Lacan, sobretudo, no que concerne ao tema da feminilidade. Convém adiantar que os equívocos em torno da compreensão de Butler sobre a perspectiva psicanalítica tendem a ser esclarecidos com a noção de sexuação – eixo que será discutido posteriormente.

Por fim, no terceiro capítulo, Butler aborda os atos corporais subversivos, levantando as discussões que Julia Kristeva, Michel Foucault e Monique Witting produziram sobre o corpo. É somente no final desse capítulo que encontramos de forma mais efetiva a questão da performatividade, no qual Butler demarca sua conclusão de que não existe essência ou identidade de gêneros estáveis, mas sim gêneros performativos (BUTLER, 1990/2016).

Realizado esse pequeno apanhado sobre o livro *Problemas de gênero*, podemos seguir mais detalhadamente com as teorizações da filósofa. No que se refere ao conceito de identidade, Butler (1990/2016) argumenta que a discussão sobre "identidade pessoal" – entendida como características internas, que estabelecem uma continuidade e autoidentidade no decorrer do tempo de uma dada pessoa – não é anterior a discussão sobre "identidade de gênero", como se poderia supor. Dizendo de outro modo, em seu texto "Corpos que pesam: sobre os limites discursivos do sexo" (2000), Butler aponta que a matriz heterossexual é anterior à própria emergência do "humano", na medida em que antes mesmo de nascer, ainda na barriga da mãe, há uma interpelação fundante sobre a criança, uma nomeação, indicando: "é menino!" ou "é menina!". Tal nomeação estabelece uma fronteira e também uma marca repetida de uma norma. Logo, o "eu" não se constitui primeiramente para em seguida se situar como um gênero ou outro, mas ele emerge no interior das próprias relações de gênero.

Diante disso, somos levados por Butler à relação entre discurso e linguagem na construção do gênero. Como assinala Sara Salih (2002/2019), a identidade de gênero é uma prática significante, construída e constituída pela linguagem, de modo que os sujeitos são efeitos e não causas dos discursos regulatórios que o precedem. Nesse ponto, Butler se serve das considerações foucaultianas por entender que sujeitos não internalizam as leis, mas as incorporam em seus corpos, de modo que eles passam a significar essas leis, como uma escrita da lei. A isso, Butler chamará de "estilização corporal do gênero." O gênero, portanto, não deixa de ser um estilo corporal, mas ainda, ele é uma estratégia. Uma estratégia que visa à sobrevivência cultural, tendo em vista que aquele que não executa e nem repete seu gênero de maneira tomada como "verdadeira" é punido pela sociedade (SALIH, 2002/2019). Temos, então, um "eu" submetido e subjetivado pelo gênero (BUTLER, 2000).

Abrindo o terreno para questionar a noção de identidade, Butler então nos apresenta o conceito de "gêneros inteligíveis", cuja definição ela expressa nos seguintes termos: "são aqueles que, em certo sentido, instituem e mantêm relações de coerência e continuidade entre sexo, gênero, prática sexual e desejo" (BUTLER, 1990/2016, p. 43). Ou seja, o masculino e o feminino. As imposições sociais da matriz heterossexual criam uma expectativa sobre o sujeito de modo que ele responda a partir de uma unidade de experiência entre sexo, gênero, práticas sexuais e desejo. Por meio desta unidade sustenta-se que cada experiência se reflita na outra e se converta em um desejo diferenciador pelo gênero oposto. Nesse sentido, ela conclui que: "A coerência ou a unidade internas de qualquer dos gêneros, homem ou mulher, exige assim uma heterossexualidade estável e oposicional" (BUTLER, 1990/2016, p. 52).

Butler (1990/2016) entende que as práticas reguladoras promovem identidades coerentes somente quando estão de acordo com a matriz heterossexual – relegando à inexistência outros tipos de identidade. Nesse sentido, todo poder discursivo em torno dos gêneros atua por meios excludentes, apagamentos radicais, impedindo uma existência no campo da cultura de corpos que escapam ao binarismo homem/mulher (BUTLER, 2000). Esses são tomados pelo social como gêneros não inteligíveis, entendido no campo discursivo como falhas do desenvolvimento ou impossibilidades lógicas – como, por exemplo, o intersexo (BUTLER, 1990/2016).

Para Patricia Porchat (2015), esses gêneros não inteligíveis são justamente os que se encontram em maior vulnerabilidade social, sendo seus corpos tomados como corpos abjetos. Estes correspondem a corpos que na sociedade são detestados, odiados, tais como: transexuais, travestis e transgêneros (PORCHAT, 2015). Diante desse processo de exclusão e opressão, Butler procura desconstruir e repensar a própria noção de identidade de gênero. Para ela, não há uma estrutura binária estável, pois o gênero é um ato intencional, performativo e repetitivo. Segundo Salih (2002/2019), as repetições, que se operam como ato e que demarcam um gênero, são produzidas e determinadas por um quadro regulatório extremamente rígido. Além disso, entender o gênero como performativo implica dizer que ele é constituinte da identidade que pretende ser ou que simula ser. Dizendo de outra maneira: "O gênero é um ato que faz existir aquilo que ele nomeia; neste caso, um homem 'masculino' ou uma mulher 'feminina'" (SALIH, 2002/2019, p. 91).

O questionamento de Butler quanto a uma possível essência do gênero encontra-se em certa medida amparada em Nietzsche. Apoiando-se na noção crítica da metafísica da substância, Butler (1990/2016) faz alusão ao caráter ilusório do ser e da substância. "A 'metafísica da substância' refere-se à crença difundida de que o sexo e o corpo são entidades *materiais*, 'naturais', autoevidentes, ao passo que, para Butler, [...], sexo e gênero são construções culturais 'fantasmáticas' que demarcam e definem o corpo" (SALIH, 2002/2019, p. 72). O gênero não é substantivo, com uma propriedade ontológica anterior e permanente. O gênero é um feito e não há identidade de gênero por trás das expressões do gênero, tal como pensa Nietzsche em *Genealogia da Moral* a respeito da obra: não há ser por trás do fazer, do realizar e do tornar-se – a obra é tudo (BUTLER, 1990/2016). Dizendo de outro modo, Salih (2002/2019) destaca que, para Butler, o sujeito é um ator que encena sua identidade de gênero num palco metafórico de sua própria escolha, de modo que o gênero é um devir, um processo e não um estado ontológico do ser.

Diante disso, seria ainda necessário pensar essa dimensão do gênero como uma escolha. Segundo Salih (2002/2019), a questão da escolha em Butler não quer dizer que o sujeito seja um agente livre que seleciona seu gênero tal como uma vestimenta em seu guarda-roupa. A escolha de gênero não implica uma "liberdade de escolha" já que vivemos imersos no interior de uma dada cultura, submetido a certas leis reguladoras e estruturas de poder. Nossas escolhas são impactadas pelo outro social: a família, os amigos, o trabalho, a classe social... Escolher o gênero quer dizer que o sujeito interpreta e organiza as normas discursivas de gênero à sua maneira, porém, de forma restrita e limitada. Vale dizer que se trata de uma tarefa na qual o sujeito se vê empenhado desde sempre, pois não existe um agente social pensado sem o discurso do gênero. Por outro lado, apesar de toda limitação na qual o gênero está ancorado pelas estruturas de poder, também existem e insistem possibilidades subversivas (SALIH, 2002/2019).

Para Butler, o gênero é uma construção na qual está oculta a sua gênese. Ela afirma, assim, que existe uma produção disciplinar sobre os corpos que promove uma falsa estabilização de identidade, cujo objetivo é a construção e regulação de uma sexualidade heterossexual com fins de reprodução. Sua intenção é demarcar que o gênero é uma fabricação e que não existe gênero verdadeiro ou falso. O gênero verdadeiro é uma fantasia instituída e inscrita sobre a superfície dos corpos (BUTLER, 1990/2016). Sendo assim, os gêneros podem ser performados, constituintes da identidade que pretende ser.

Para exemplificar a questão da performatividade de gênero, Butler toma como referência a travesti e a *drag queen*. Em suas palavras: "A *performance* da *drag* brinca com a distinção entre anatomia do performista e o gênero que está sendo performado. [...] "*Ao imitar o gênero, a drag revela implicitamente a estrutura imitativa do próprio gênero – assim como sua contingência*" (BUTLER, 1990/2016, p. 237, grifo original). A partir desse exemplo, a filósofa entende que a identidade original ou primária – que podemos situar como significados originais atribuídos aos gêneros – são parodiados. De acordo com Salih (2002/2019), a paródia de gênero não implica que haja uma versão original. Trata-se da cópia de uma cópia, mas é a própria noção de original que está sendo parodiada. Butler sustenta ainda a existência de paródias que são mais subversivas de outras que são corriqueiras. Por exemplo, nem todas as *drag* são subversivas, pois dependendo do modo como são fabricadas elas podem estar apenas repetindo as estruturas de poder heterossexual, bem como reforçando as distinções existentes entre macho/fêmea; masculino/feminino; heterossexual/homossexual.

A *performance* aponta para o mecanismo cultural da construção dos gêneros, sua fabricação. Esse processo, segundo Salih (2002/2019), não ocorre de uma única vez e assim que o sujeito nasce – estando mais do lado de uma repetição contínua que se solidifica, dando a impressão de que sempre esteve ali de forma inata. Nesse sentido, Butler defende que:

> ...a identidade de gênero pode ser reconcebida como uma história pessoal/cultural de significados recebidos, sujeitos a um conjunto de práticas imitativas que se referem lateralmente a outras imitações e que, em conjunto, constroem a ilusão de um eu de gênero primário e interno marcado pelo gênero, ou parodiam o mecanismo dessa construção (BUTLER, 1990/2016, p. 238-239).

Na perspectiva de Butler (1990/2016), essa fabricação do gênero a permite pensar sobre uma fluidez de identidades, bem como na possibilidade de ressignificação e recontextualização em torno das identidades que têm sido naturalizadas. A necessidade da repetição reiterada indica que os corpos não se conformam completamente às normas, às leis reguladoras. Algo sempre escapa e é justamente quando a força reguladora se volta contra ela mesma que se coloca a possibilidade de rearticulações ao entrar em confronto com a hegemonia que ela visa a sustentar. Diante disso, podemos dizer que Butler "parece otimista sobre as possibilidades de desnaturalizar, proliferar e deslocar as identidades para revelar a natureza construída da heterossexualidade" (SALIH, 2002/2019, p. 96).

As fórmulas da sexuação

Por não encontrar no dicionário algo que comportasse adequadamente o que consiste a posição sexuada do sujeito, Lacan inventa um neologismo: sexuação. Isto é: a sexuação nomeia um real que não se limita ao atributo natural/anatomia, nem ao atributo simbólico/cultura, e que opera por meio de uma lógica de gozo (FRANCESCONI, 2014). Precisamente, com o termo "sexuação", Lacan ultrapassa a questão dos semblantes homem e mulher para abordar o tema da sexualidade por meio de duas formas lógicas de se inscrever na função fálica e por dois modos distintos de ordenação do gozo. Gabriela Bessa (2012) esclarece que a noção de função em matemática denota um caso especial de relação. Logo, abordar o falo como função, $\Phi(x)$, visa a apontar que ele possui uma especificidade que ordena a relação do ser falante com o gozo, ligado à castração (BESSA, 2012). Ou ainda, como aponta Maria Josefina Fuentes:

> Com a formalização da sexuação, Lacan refere-se não somente ao falo como o significante que dá suporte à identificação fálica, mas o inscreve como uma função de gozo a partir da função fálica: f(x). Lacan enfatiza que não se trata de uma identificação com o atributo do tipo: 'sou um homem porque tenho o falo', ou 'sou uma mulher porque sou o falo'.

> Trata-se de uma função relativa ao gozo e à incidência da castração que implica uma divisão, uma extração do gozo do corpo por intermédio do significante fálico e do objeto a, localizado fora do corpo (FUENTES, 2012, p. 138).

Lacan (1972-73/1985) formaliza essa discussão através da apresentação do quadro da sexuação, no qual ele postula quatro fórmulas proposicionais, por meio de uma articulação entre a lógica do gozo e a lógica formal. Essas fórmulas são estruturadas por quantificadores existenciais – $\exists x$ (existe um) e $\overline{\exists x}$ (não existe um) – e os quantificadores universais – $\forall x$ (para todo x) e $\overline{\forall x}$ (para não todo x).

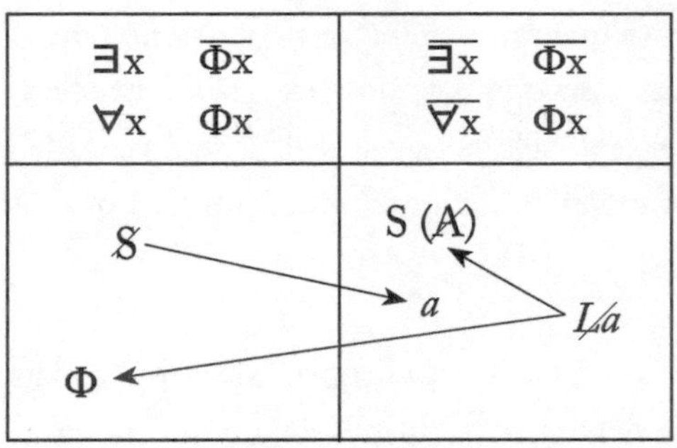

Quadro da sexuação. Fonte: Lacan, (1972-73/1985, p. 105)

As proposições da esquerda correspondem ao que se chama "homem" em psicanálise e, da direita, o que pode ser entendido como "mulher". Um lado (homem/todo-fálico) comporta a universalidade e um modo de gozo fálico. O outro (mulher/não-toda), que não permite nenhuma universalidade, apresenta uma modalidade de gozo suplementar, que não exclui a referência fálica, mas que por outro lado, a ultrapassa. Tais proposições são capazes de subverter a perspectiva naturalista, haja vista que o místico São João da Cruz foi descrito por Lacan como um exemplo do lado não-todo. Portanto, não se trata de pensar que aquele que nasceu com pênis desenvolverá um modo de gozo fálico. Temos aqui uma inversão: É considerado homem o sujeito que tem seu modo de gozo todo referido ao falo, independente dos órgãos genitais que possa possuir.

Segue abaixo cada uma dessas inscrições:

<u>Lado Homem:</u>

$\forall x \, \Phi x$ → Essa proposição indica que todos os sujeitos que se localizam desse lado cumprem a função fálica. Isso leva a considerar que para todo homem há a inscrição da função fálica. Ou seja, todo homem e o homem como um todo está submetido à castração (LACAN, 1972-73/1985). Mas essa universal afirmativa só é verdadeira porque é sustentada por uma exceção: uma particular negativa, descrita pela fórmula $\exists x \, \overline{\Phi x}$. Nesse sentido, escreve Bessa:

> Em lógica, para que um sistema seja consistente, ou seja, livre de contradições, é necessário que haja uma exceção: a existência de *ao menos um*, em relação ao qual seja possível decidir se é verdadeiro ou falso. É essa exceção que funda um conjunto, que demarca um limite para o resto dos elementos (2012, p. 85).

$\exists x \, \overline{\Phi x}$ → Essa inscrição comporta o limite da função fálica, na medida em que existe um "x", um sujeito, que nega a castração. Lacan (1972-73/1985) assinala que se trata da função do pai – um homem que nega a proposição Φx, a exceção por não estar na castração. Propriamente falando, podemos dizer que esse pai é mítico, o pai do Totem e Tabu. O pai da horda, segundo Bessa (2012), instaura um limite na medida em que impõe a todos os filhos que se submetam à castração.

<u>Lado Mulher:</u>

$\overline{\exists x} \, \overline{\Phi x}$ → Com essa proposição, Lacan (1972-73/1985) visa a demarcar que não existe mulher que não esteja assujeitada à castração. O que é o mesmo que dizer que não há mulher para quem a função fálica não funcione.

$\overline{\forall x} \, \Phi x$ → Aqui, a proposição aponta para a dimensão inédita da lógica do não-todo que Lacan busca como artifício para localizar a relação da mulher com a função fálica. Ou seja, para não-todo sujeito a função fálica funciona. A mulher é não-toda referida à castração. Outra forma de dizer isso é: "A negação do quantificador universal aponta para o fato de que as mulheres cumprem e não cumprem ao mesmo tempo a função fálica" (BESSA, 2012, p. 82). Isso também nos leva a considerar que cada mulher está a seu modo referida ao falo, mas não totalmente. Ou ainda, que nem tudo numa mulher está submetido à lei do significante fálico, de modo que a ideia de "ser o falo" não é suficiente para abordar o problema do feminino.

Como se pôde observar, a relação entre a regra e a exceção que é verificável no lado masculino aqui não se inscreve. Não há, portanto, uma exceção que estruture um conjunto, que demarque um limite para o resto dos elementos. Logo, isso implica dizer que as mulheres não fazem um conjunto fechado, pelo contrário, trata-se de um "conjunto aberto ao infinito" (Bessa, 2012). A mulher, como um conjunto fechado, não existe. Elas não são coletivizáveis; só podendo ser contadas uma a uma – o que é expresso a partir do aforismo lacaniano "A mulher não existe".

Ao propor que "A mulher não existe", logo, que cada mulher precisa inventar sua feminilidade, o ensino lacaniano rompe com qualquer perspectiva que defenda a maternidade ou a histeria como os únicos destinos para as mulheres. Esse destino encontra-se em aberto, vale dizer. A lógica do não-todo pressupõe um devir das mulheres. Cada mulher "é levada a inventar um modo singular de fazer existir o que não existe, ou seja: o Outro sexo para o ser falante" (FUENTES, 2012, p. 143).

Resta ainda abordarmos a parte inferior do quadro. Do lado do homem, temos o $, sujeito e o Φ, falo. Para Lacan, isso não lhe dá privilégio algum. Do lado da mulher, temos o *a*, objeto *a*, o S (Ⱥ) que representa aquilo que falta como significante no Outro e o Ⱥ, a mulher enquanto barrada. As flechas, que saem de um lado ao outro, indicam o modo como cada sujeito se dirige ao seu parceiro. Por si só elas já apontam para um descompasso entre o homem e a mulher, visto que não há um encontro de caminhos.

Logo, o que se extrai é o que o padrão heteronormativo tão criticado não se sustenta pela psicanálise. Ele não funciona, visto que não é possível logicamente atribuir um homem a uma mulher e vice-versa. Como observa Fuentes (2012), não se trata de dois sexos, de duas metades complementares – ideia implícita na noção de binarismo –, mas de uma diferença sexual que emerge justamente no ponto onde a simbolização fracassa. Temos aqui o real do sexo, algo do não simbolizável, que se coloca em jogo na sexuação.

Sabemos de todo esforço do movimento feminista, a partir da década de 1970, para apagar as diferenças de representações entre homens e mulheres, na medida em que identificaram que a diferença sexual é uma forma de opressão política e social. Se a forma de opressão é inegável e se estamos de acordo que elas devem ser debatidas e combatidas, por outro lado, não estamos certos que podemos apagar todas as diferenças. A própria Butler repensou essa questão. No livro *Problemas de gênero*, ela entendia que a noção de diferença sexual era uma teoria da heterossexualidade, porém quinze anos depois, no seu livro *Deshacer el género* (2004/2006), ela interroga se podemos falar em um fim para a noção de diferença sexual, concluindo que esta pergunta não deve ser fechada e afirmando que não possui nenhuma definição sobre o que é de fato a diferença sexual. Indica apenas que essa diferença tem dimensões psíquicas, somáticas, sociais e discursivas que não se sobrepõem, nem se separam nitidamente. Não obstante, ela recorre ao conceito freudiano de pulsão para situar essa questão, apontando que a diferença sexual trata-se de um conceito fronteiriço em que se coloca e recoloca o questionamento sobre o biológico e o cultural.

Outro modo de abordar esse ponto em termos lacanianos, segundo Fuentes (2012), é situar que a psicanálise não elimina o real da diferença sexual, que ela não anula o fato de que todos os sujeitos precisam se confrontar com uma maneira dissimétrica do outro lidar com o gozo, com o amor e com o desejo. Por outro lado, isso não implica dizer que a psicanálise sustente dois gêneros como norma. O binarismo homem-mulher não existe na psicanálise, pois justamente "A mulher não existe" em termos conceituais.

Essa maneira dissimétrica entre a sexuação masculina e feminina é sustentada por Lacan da seguinte forma: O homem se dirige a mulher enquanto objeto *a*. A conjunção $ e *a* corresponde a fórmula da fantasia,

$◊*a* – o que equivale a dizer que o homem atinge seu parceiro como causa do seu desejo. Essa é perversão polimorfa do macho, nos diz Lacan (1972-73/1985), na medida em que o homem busca recuperar algo do objeto em determinada parte do corpo da mulher que lhe atrai, em determinado traço privilegiado.

Já a mulher se dirige ao falo, como aquilo que o homem suporta, mas também ao S (Ⱥ). Lacan pondera que o Outro "merece representar aquilo com o que a mulher fundamentalmente tem relação" (1972-73/1985, p. 108). Ou seja, a mulher "goza da ausência do significante que a identificaria, ali onde falta o significante no Outro, e avança o terreno de um gozo infinito em termos de cadeia significante – impossível de ser dito" (FUENTES, 2012, p. 142). Apesar do objeto *a* estar do lado da mulher no quadro da sexuação, Bessa (2012) assinala que o gozo feminino não passa por ele, estando muito mais independente da exigência pulsional. A questão para o feminino aproxima-se mais fortemente do campo do amor, da demanda de amor sob a forma de S (Ⱥ). Trata-se, assim, da vertente erotomaníaca do amor feminino.

Nem gênero, nem binarismo heteronormativo na psicanálise

Quando pensamos na identidade de gênero, estamos apontando, segundo Gisele Falbo, para uma função egóica de unidade: "uma suposta identidade do Um consigo mesmo" (2016, p. 3). Mais ainda, a noção de identidade habita o registro da consciência e ainda que parta de um significante, ela é maciçamente imaginária, como aponta Stella Jimenez (2018). Tal perspectiva, porém, elide o que a psicanálise em seus primórdios já havia sustentado, a saber: a divisão subjetiva.

Na psicanálise, conforme nos indica Ondina Machado (2018), não trabalhamos com o universal "todos os homens", nem com o particular "as mulheres" ou "os transgêneros". Essas classes particularizadas têm sua importância no que concerne à representatividade, à reivindicação de direitos, à promoção de políticas sociais, ao combate da exclusão e da opressão. Todavia, numa análise o que está em jogo é a singularidade, o caso a caso, visto que essas categorias de identidades não são capazes de dar conta de cada sujeito que as compõe. Podemos dizer ainda que o eu numa análise logo se esvanece como uma unidade consistente. Como observa Brousse, "a identidade não está lá onde se pensa", pois somos "sujeitos da dúvida, da incerteza ou da crença" (2019, p. 70). Muito mais raro na clínica é encontrarmos sujeitos que apresentem uma certeza quanto a seu sexo, comparecendo mais o questionamento sobre sua feminilidade e masculinidade: "Não sei como ser mulher"; "Não me sinto um homem de verdade".

O gênero é um mero semblante – "um parecer-homem", "um parecer-mulher", como diz Lacan (1971/2009), ou ainda, na atualidade "um parecer-x". Ele é um recurso imaginário e simbólico que visa a dar conta do real em jogo no sexual, mas que fracassa visto sua impossibilidade. Posto isto, podemos dizer que do ponto de vista psicanalítico não há nenhuma oposição em nível teórico sobre o esforço de Butler em desfazer o gênero, já que numa escuta psicanalítica é a singularidade do sujeito que precisa comparecer para além de qualquer binarismo masculino-feminino. Se podemos encontrar nos desenvolvimentos teóricos de Butler e no ensino lacaniano formulações que nos indicam sobre a precariedade que a noção de gênero comporta, os caminhos de discussão empreendidos a partir disso serão, porém, distintos, sendo possível reconhecer que cada um pôde avançar até onde seus recursos e instrumentos de análise lhe permitiram.

Butler teve sua trajetória influenciada por autores pós-estruturalistas, como Foucault, Deleuze e Derrida, bem como por pensadores da filosofia crítica alemã pós-kantiana e hegeliana, permitindo-lhe propor a desconstrução dos gêneros e elaborar a noção de performatividade. Lacan, por sua vez, pôde se servir tanto da herança deixada por Freud, quanto da antropologia e linguística (no primeiro ensino), como ainda da matemática, lógica e topologia (no segundo ensino). Mas, sobretudo, pôde se servir da clínica podendo, a partir daí, reconhecer a dimensão do gozo que opera no campo sexual, forjando assim o conceito de sexuação.

Ao levarmos em conta essa dimensão do gozo, podemos afirmar que há sempre um mal estar do sujeito concernente à sexualidade.

Desse real como impossível, não podemos nos livrar. A cada época os sujeitos procuram encontrar modos de contornar o mal estar que a sexualidade provoca. Há uma ordem coletiva que aponta certos semblantes para lidar com a falta de programação sexual, mas o que sempre interessa à psicanálise são os arranjos singulares que o sujeito inventa com o sexo e a linguagem.

A psicanálise produz teorizações a partir de uma leitura que faz do sujeito inserido em uma dada cultura. Ou seja, seus constructos teóricos não visam a defender ou rejeitar certos modos de existências ou de ordenação da sexualidade, mas sim de ler o modo como o sujeito se vira com a falta de saber sobre seu sexo ou com a ausência de relação sexual. Sobre essa leitura, Marcus André Vieira (2019) comenta que a teorização sobre a primazia fálica que encontramos em Freud – ponto do qual se partiu para pensar a sexualidade na psicanálise – foi lida em meio a mal-entendido. Precisamente, ele afirma:

> Freud descreveu o modo como o sexual se organizava em sua época, destacando o falo como base da constituição das identidades padrão em sua cultura. Seu movimento era o de indicar exatamente como uma análise agia a partir do fracasso dessa identificação, virava-a ao avesso. Entendeu-se o contrário, que ele visava à apologia e restauração da identidade fálica (VIEIRA, 2019, p. 179).

Como se organiza o sexual em nossa época? O falocentrismo e a ordem patriarcal encontram-se abalados e cabe aos psicanalistas recolher também seus efeitos e suas implicações na clínica, sob transferência, só podendo se valer da ética do desejo para acompanhar e ler tais mudanças. Portanto, quando se propõe a pensar a sexualidade na atualidade não se trata de sustentar uma nostalgia em relação à tradição, a certa ordenação do campo sexual e da vida advinda unicamente do Nome-do-Pai, pois corremos o risco de cairmos numa vertente conservadora em prol de uma pretensa defesa da psicanálise. Pois em tempos sombrios que vivenciamos no Brasil de conservadorismo nefasto não podemos de modo algum deslegitimar estratégias políticas importantíssimas que o feminismo e movimento *queer* têm promovido, simplificando a discussão quase num tom melancólico em torno do declínio da ordem simbólica que nos leva somente a uma perda dos limites. As formas de opressão e exclusão social que sofrem as minorias ou os "gêneros ininteligíveis", reduzidos a abjetos – para usarmos os termos de Butler – são muito sérias para ignorarmos os pontos que essa discussão traz à tona. A posição do psicanalista não compactua de modo algum com formas de segregação e cada vez mais ele é convocado a não somente exercer sua práxis na direção da cura, como também ocupar seu lugar na polis.

Por outro lado, levando em conta a escuta analítica, não somos defensores nem contrários à noção de gênero. Se o gênero é um problema para Butler, não podemos dizer o mesmo levando em consideração a clínica psicanalítica. Nossa prática passa ao largo disso. Numa análise, essas identidades pouco dizem do sujeito e não tocam naquilo de mais importante: o gozo e a forma singular com a qual cada sujeito constrói sua relação com a sexualidade, que não se configura a partir da noção limitada de papel social.

Portanto, antes de encerrar, é importante ressaltar que aquilo que os *Gender Studies* entendem por gênero não é o mesmo que a noção de masculino e feminino na psicanálise, sobretudo, a partir do que se extrai das fórmulas da sexuação. Com estas fórmulas, Lacan destacou dois modos de gozo: todo fálico e não-todo, estruturando um conjunto bem delimitado e outro aberto ao infinito, respectivamente. O que Lacan chama de masculino e feminino tem relação com a forma de gozo, com o modo como o sujeito estará localizado em relação à função fálica, interessando a ele pensar como os sujeitos a objetam, a cumprem, a satisfazem ou a negam. Portanto, não é a anatomia, nem a escolha de objeto heterossexual ou homossexual que a define. Nesse sentido, Colette Soler (2005, p. 140) é bastante precisa: "Os parceiros variam, aqui, sem comprometer a pertença sexual do sujeito decidida no nível da modalidade de gozo, o que tem como consequência que, em cada um dos casos, o verdadeiro parceiro, que é o gozo, permanece velado e como à espera de interpretação".

Referências

BESSA, G. **Feminino: um conjunto aberto ao infinito**. Belo Horizonte: Scriptum, 2012.

BROUSSE, M-H. **Mulheres e discursos - Opção Lacaniana 15**. Rio de Janeiro: ContraCapa, 2019.

BUTLER, J. (1990) **Problemas de gênero: feminismo e subversão da identidade**. Rio de Janeiro: Civilização Brasileira, 2016.

_____. Corpos que pesam: sobre os limites discursivos do sexo. In: LOURO, G. (Org.) **O corpo educado: pedagogias da sexualidade**. Belo Horizonte: Ed. Autentica, 2000. Disponível em: <https://repositorio.ufsc.br/bitstream/handle/123456789/1230/Guacira-Lopes-Louro-O-Corpo-Educado-pdf-rev.pdf?-sequence=>. Acesso em: 20 jul. 2019.

_____. **Deshacer el género**. Barcelona: Paidós, 2006.

FALBO, G. Sexualidade, gênero e corpo. **Opção lacaniana online**, [S.l.], ano 7, n. 20, jul. 2016. Disponível em: <http://www.opcaolacaniana.com.br/pdf/numero_20/Sexualidade_genero_e_corpo.pdf> Acesso em: Acesso em: 10 out. 2019.

FRANCESCONI, P. Sexuação. In: MACHADO, O. & RIBEIRO, V. (Org.) **Scilicet: Um real para o século XXI. Associação Mundial de Psicanálise**. Belo Horizonte: Scriptum, 2014.

FUENTES, M. J. **As mulheres e seus nomes: Lacan e o feminino**. Belo Horizonte: Scriptum, 2012.

JIMENEZ, S. Algumas considerações sobre a identidade. **Latusa – Desigual! Identidades e identificações na pólis e na análise**, Rio de Janeiro: Escola Brasileira de Psicanálise, n. 23, p. 31-39, 2018.

LACAN, J. (1971) **O Seminário, livro 18: de um discurso que não fosse semblante**. Rio de Janeiro: Jorge Zahar Editor, 2009.

_____. (1972-73) **O Seminário, livro 20: mais, ainda**. Rio de Janeiro: Jorge Zahar Editor, 1985.

MACHADO, O. O impossível da identificação: identidade ao sinthoma e grupos identitários. **Latusa – Desigual! Identidades e identificações na pólis e na análise**, Rio de Janeiro: Escola Brasileira de Psicanálise, n. 23, p. 61-67, 2018.

PORCHAT, P. Um corpo para Judith Butler. **Periódicus: Revistas de estudos disciplinares em gêneros e sexualidade**, Salvador, v. 1, n. 3, p. 37-51, maio-out.

2015. Disponível em: <https://portalseer.ufba.br/index.php/revistaperiodicus/article/view/14254/9855>. Acesso em: 10 jan. 2020.

SALIH, S. **Judith Butler e a teoria *queer***. Belo Horizonte: Autêntica Editora, 2019.

SOLER, C. **O que Lacan dizia das mulheres**. Rio de Janeiro: Jorge Zahar, 2005.

VIEIRA, M. A. Quereres. In: IANNINI, G. (Org.) **Caro Dr. Freud: respostas do século XXI a uma carta sobre a homossexualidade**. Belo Horizonte: Ed. Autêntica, 2019.

A ADOLESCÊNCIA E O QUE SE CONTA DA SEXUAÇÃO

Pollyana Almeida e Andréa Hortélio Fernandes

A tese mais famosa de Lacan sobre a adolescência é a do despertar da sexualidade, experiência que ao mesmo tempo está ao alcance de todos e é também para todos malsucedida (LACAN, 1974/2003). Roseli Rodella (2004) faz da adolescência um momento de efetuação da estrutura no qual estaria em jogo, dessa vez, o domínio da matemática. A autora se baseia em uma construção anterior que relaciona o primeiro momento de efetuação da estrutura, "o Fort-Da, como correlativo ao domínio da linguagem falada, e o segundo, a castração, ao domínio da leitura e da escrita" (RODELLA, 2004, p. 24). A esses dois momentos, ela acrescenta um terceiro: o encontro com o Outro sexo que teria como correlativo os impasses na compreensão da linguagem matemática. Nela o sujeito é lançado em um campo onde as respostas não estão dadas desde antes, sendo convocado a lidar com o real em jogo onde "a conta não bate", como disse um jovem analisando embaraçado com a inconsistência do Outro.

Essa proposta de Rodella nos parece próxima à problemática explorada por Lacan no *Seminário, livro 25*. Interessado na querela do final de análise, ele vai dizer que o real só aparece por meio de um artifício, de um forçamento pela via de um escrito, e o que seria a matemática senão "o fato de que se pode representar um escrito" (LACAN, 1978/2000, p. 2). Segundo Lacan, contar é difícil uma vez que demanda a compreensão de que tudo parte do zero e o resultado surpreendente disso é que partindo do zero como capital, "o resultado é que aqui está o 1" (LACAN, 1978/2000, p. 2). O que ele expõe contradiz uma certa noção ingênua de que o número serviria para representar um fato físico, uma espécie de representante de um elemento em uma coleção, como aponta Cardoso (2010). Essa ideia ingênua se apoia no entendimento de que o número é idêntico a ele mesmo.

No entanto, em linhas gerais, o que se conclui dessa problemática é que o 1, esse que o pensamento leigo tende a associar à materialidade de um objeto, não equivale ao cardinal que faz dele passível de ser contado no conjunto dos números naturais visto que esse conjunto também contém o número zero, que "paradoxalmente se conta como *Um*" (CARDOSO, 2010, p. 135). Desse modo, tal qual o falar e o escrever são artifícios simbólicos para dar conta de um real que, todavia, mantém pontos irredutíveis à formalização, também o contar escancara essa ferramenta imperfeita que é a linguagem.

A teoria lacaniana da sexuação é uma tentativa de dar tratamento lógico à *sex ratio* que conforme a biologia seria a razão ou proporção de organismos machos ou fêmeas em determinada população. Fato curioso é que entre espécies sexuadas, essa razão é próxima de 1:1. No que concerne aos seres falantes isso não é diferente, de modo que na natureza o que sustenta a reprodução da espécie humana é uma divisão binária entre os sexos na qual a quantidade de indivíduos fêmeas tende a ser 50% da população, tal qual a quantidade de machos.

A *sex ratio* pode ser eficaz na explicação sobre o eixo anatômico da sexualidade, mas, como sabemos, a sexualidade dos humanos vai muito além da função de dar continuidade à espécie. Mesmo ao contrário e agindo no oposto disto, o uso que os humanos fazem do sexo subverte a programação animal e torna a reprodução secundária de maneira geral. Destarte, a reprodução dos corpos ou a diferença anatômica no organismo sexuado dito humano não bastam para lançar luz no que diz respeito à sexualidade.

Embora seja importante não ignorar os efeitos que o "índex desse real biológico" (SOLER, 2015, p. 59) pode ter nas subjetividades, dado que não se escolhe a anatomia que se tem, apenas se esbarra com ela; é notável que a partir dos seus corpos e também apesar deles, os humanos inventam modos de se reconhecer e de se relacionar com os demais, o que cria uma vasta combinatória na sexualidade que envolve o sexo biológico, as identificações, as escolhas objetais, os semblantes etc.

Sobre isso, Lacan diz que:

> A questão da genitalização é dupla, portanto. Há, por um lado, um salto que comporta uma evolução, uma maturação. Por outro, há no Édipo a

> assunção do próprio sexo pelo sujeito, isto é, para darmos os nomes às coisas, aquilo que faz com que o homem assuma o tipo viril e com que a mulher assuma um certo tipo feminino, se reconheça como mulher, identifique-se com suas funções de mulher (LACAN, 1957-1958/1999, p. 171).

Nessa frase, destacamos a ideia de "assunção do próprio sexo" na qual fica claro que o fato de realidade de que existem corpos anatomicamente machos ou fêmeas é apenas um eixo da trama da sexualidade. Cabendo a cada sujeito um saber-fazer com esse corpo, desde muito cedo marcado pelos ditos do Outro. Talvez o termo "assunção" gere algum equívoco no sentido de favorecer uma leitura ontológica como pondera Cossi (2016, p. 132) no que chama de "obscura asserção lacaniana" apoiado em uma crítica de Judith Butler. Dunker (2017) ratifica a crítica quando diz que à época do *Seminário, livro 5*, a lógica que prevalecia era a do dualismo fálico além de uma articulação que teria levado a uma função normalizante do Édipo que "será justamente o aspecto que Judith Butler irá criticar no pensamento lacaniano, chamando-a de compulsoriamente heterossexual e monogâmica" (DUNKER, 2017, p. 77).

A crítica ao universalismo do Édipo não vem somente do movimento feminista e até hoje mesmo psicanalistas muito próximos a Lacan seguem apontando para a teorização da década de 1950 como problemática no sentido de favorecer mesmo uma compreensão ontológica em relação ao falo enquanto esse "único ou principal organizador da sexualidade, sendo que a ideia de falo sempre se articula à figura do pênis" (COSSI, 2016, p. 261).

O problema do Édipo, tal como formulado por Freud, segundo Soler (2005, p. 17), é que se trata de uma resposta cuja pergunta seria: "como pode um homem amar sexualmente uma mulher?". A construção que segue seria "não sem haver renunciado ao objeto primordial, a mãe, e ao gozo referido a ela". Acontece que essa solução é inócua quando se tenta replicar à pergunta sobre a sexualidade feminina. "O Édipo produz o homem, não produz a mulher" (SOLER, 2005, p. 17).

Retomando o parágrafo supracitado do *Seminário, livro 5*, acreditamos que embora a crítica seja pertinente, é importante não perder de vista que essa é uma construção que data do início da obra de Lacan, e mesmo ali já se pode notar um esforço em desnaturalizar as posições "homem" e "mulher" na medida em que indica um trabalho que cada um é convocado a fazer a partir do dado da natureza que recebeu, isto é, há uma descontinuidade entre o órgão e o significante, até mesmo no caso daqueles nomeados hoje em dia de cisgêneros, isto é, "o sujeito no qual a identidade de gênero coincide com seu sexo biológico ou com sua designação social" (DUNKER, 2017, p. 97).

Afinal, desnaturalizar essas posições não implica desconsiderar que a anatomia "vincula-se a um real e o real não pede sua opinião" como observa Soler (2015, p. 59).

Além disso, esse entendimento de Lacan vai se tornando mais refinado e menos colado a uma suposta essencialização e, na medida que avança em seu percurso ele pode propor novos termos no que se convencionou chamar de mais além do Édipo. De forma que no *Seminário, livro 18*, ele retoma essa ideia de se reconhecer como mulher ou homem, mas propondo algo levemente diferente. Ele diz que aquilo que costumamos chamar de identificação sexual "não consiste em alguém se acreditar homem ou mulher, mas em levar em conta que existem mulheres para o menino e, existem homens para a menina" (LACAN, 1971/2009). Bom, nos parece que essa saída é interessante dado que afasta a ideia de uma essência e indica que posicionar-se na sexuação não é nada além de um confrontar-se com a diferença. Dito de outro modo, assumir o próprio sexo não seria descobrir, encontrar ou fazer emergir alguma estrutura pré-existente, mas, apenas assumir que há a diferença. Mas, qual?

Já está posto que o cerne da questão não é a distinção anatômica dos sexos, a "famosa pequena diferença" (LACAN, 1971-1972/2012, p. 13). A proposta de Lacan para fazer avançar a tese da desnaturalização do sexo que começa com Freud é recorrer à matemática, dado que "é rigorosamente impossível dar a menor sombra de sentido ao que quer que se articule em termos algébricos ou topológicos" (LACAN, 1971-1972/2012, p. 75). É visando se distanciar do sentido, da novela familiar ou mesmo da significação biologicista que Lacan vai à matemática. Trata-se de um esforço de passar da anedota à lógica, se referindo à derrisória ameaça de castração que supõe que alguém chantageie cortar fora o pênis do menino.

Lacan parece interessado na "crise de fundamentos da matemática" (LAUREANO, 2017, p. 153) iniciada no século XX a partir da mudança paradigmática na Teoria dos Conjuntos introduzida por Georg Cantor em 1870. A crise começa com a introdução de paradoxos que abalam a ideia original de conjunto como mera coleção bem definida de elementos, tal como era apresentado na chamada Teoria Ingênua.

> Um dos objetivos principais da teoria dos conjuntos é o de formalizar a totalidade da matemática através de conceitos e relações primitivas simples, como as de conjunto e pertença. Entretanto, uma das consequências desta formalização é a produção de inconsistências, ou paradoxos que, quando foram descobertos, no início do século XX, pareceram abalar as pretensões da teoria (LAUREANO, 2017, p. 152).

Essa crise da formalização na matemática interessa à Lacan porque o advento da chamada Teoria Axiomática dos Conjuntos produz consequências filosóficas importantes no pensamento humano, possibilitando a invenção de novas lógicas (como a Lógica Paraconsistente criada pelo brasileiro Newton da Costa) que possam interrogar os princípios aristotélicos da identidade e do terceiro excluído, o que vai ao encontro da teoria psicanalítica na medida em que partimos desde o início da premissa freudiana de que o inconsciente aceita a contradição.

Assim, Lacan explora essa mudança nos paradigmas da lógica fazendo uso, entre outras coisas, do Teorema da Incompletude de Gödel, o qual se torna demonstrável apenas quando deixa em suspenso os valores verdadeiro ou falso (LACAN, 1971-1972/2012). De forma sucinta e superficial, o que se extrai desse teorema é que sempre haverá um problema matemático cuja solução estará fora do alcance dos chamados métodos à prova de erro, o que tem por consequência a impossibilidade da ciência alcançar a tão sonhada Teoria de Tudo, a grande utopia perseguida pelo discurso científico.

> A ideia de incompletude, através da qual se compreendeu as implicações dos resultados de Gödel, é a de que há, em todo sistema formal minimamente

> expressivo, como o *Principia mathematica*, um enunciado formalmente indecidível. Trata-se de um enunciado verdadeiro, mas que não pode ser provado dentro do próprio sistema, já que mesmo sendo verdadeiro, sua prova constituiria uma contradição. O enunciado de Gödel é semelhante a paradoxos como àquele que é construído por Russell [...], mas também ao conhecido paradoxo do mentiroso, formulado por Epimênides, ao simplesmente dizer: "Esta sentença é falsa". De fato, o enunciado produzido por Gödel é do tipo "é verdade que este enunciado não pode ser provado", o que gera uma distinção entre prova e verdade, demonstrando que nem tudo pode ser provado dentro de uma linguagem formal (LAUREANO, 2017, p. 157).

O que Gödel e outros tantos matemáticos e filósofos descobriram é justo a impossibilidade de se alcançar a completude, impossibilidade essa que em termos lacanianos poderíamos chamar de real, essa "hiância irredutível" (LACAN, 1971-1972/2012, p. 39) que uma vez considerada pôde permitir a Lacan a introdução da categoria do "não-todo", isto que escapa à lógica formal e que representa a tese forte da sua Teoria da Sexuação dado que sustenta os axiomas "Não há relação sexual" e "Há Um".

Tendo isso em vista e compreendendo ser possível entrar na teoria da sexuação por muitas portas, optamos nesta pesquisa em trabalhar a problemática do número (o um, o dois e o três) na sexuação, começando pela querela do dois, dado o binarismo que circula sempre à primeira vista tanto no discurso comum quanto em certos enunciados científicos que insistem em promover "a bipolaridade sexual no nível animal" (LACAN, 1971-1972/2012, p. 41). É importante dizer que embora seja fundamental uma crítica ao binarismo simplório, não é possível perder de vista que essa é uma das dimensões da sexuação, de maneira que nos parece fundamental não rejeitar antecipadamente o binarismo, mas tentar pensar sobre o que quer dizer o dois na sexuação.

Segundo Lacan (1971-1972/2012, p. 149), o sexo é indubitavelmente real e "a sua estrutura é o dual, o número dois. O que quer que pensemos, existem apenas dois, os homens e as mulheres". Esse pequeno recorte pode levar a ideia de que ele defenda algum tipo de essencialismo nas dadas posições. Todavia, como nos esclarece Alberti (2017, p. 78), há nessa frase um jogo de equivocação mais audível em francês:

> Duelo em francês, *duel*, equivoca com *duelle* em 'a relação dual'. Em se tratando de estrutura, da estrutura do sexo, o fato de ela ser da ordem do duelo é justamente a razão de ela não ser dual, mas dois, em que pese o fato de esse dois implicar a diferença radical do Um.

O problema da "relação dual" é tratado por Lacan em 1956 não sobre o par mulher-homem, mas sobre a crítica que faz à falácia da intersubjetividade na situação analítica. O que nos interessa é que lá nesse texto ele vai mencionar a tradução equivocada da locução latina *numero Deus impare gaudet*. A frase, "Deus ama os números ímpares", é uma alusão às propriedades místicas atribuídas aos números ímpares na Antiguidade, e, no entanto, foi traduzida em francês por "le numéro deux se réjouit d'être impair", "o número dois se regozija em ser ímpar". O fato é que essa situação jocosa indica tal como um chiste a estrutura do real. Certamente, o dois não faz par, "são dois, que não têm seu igual" (LACAN, 1956/1998, p. 475).

Tudo isso aponta para a ideia de que não se trata aí de duas substâncias biológicas que se relacionam, mas de dois significantes que, ao contrário, nunca se alcançam totalmente e que pela própria natureza da linguagem são definidos como pura diferença. Dessa maneira, a insistência do binarismo na sexuação talvez não esteja tanto relacionada à anatomia, mas à própria estrutura enganadora da linguagem que nos faz crer na possibilidade da cópula entre S_1 e S_2, quando na verdade só há o Um da diferença. Assim, está dado o paradoxo, pois, são dois que na verdade se contam como um. Ou seria o contrário? Diz Lacan (1971-1972/2012, p. 74): "[...] será que haveria o S_1 se não houvesse o S_2? Isto é um problema porque é preciso primeiro haver dois para que haja S_1 [...] de qualquer modo, eles são pelo menos dois, até para que surja apenas um – zero e um, como dizem, são dois".

O dois é na verdade da ordem da ficção, é incomensurável e só se apresenta na medida em que pela via do imaginário se almeja encontrar a outra metade perdida para fazer com ela a esfera perfeita tal como descrito no mito platônico. O amor é essa tentativa de fazer existir uma relação, não no sentido do coito, mas no sentido matemático, relação como correspondência biunívoca entre cada um dos elementos de distintos conjuntos.

Isso é o que a teoria lacaniana da sexuação denuncia, a saber, o engodo da obviedade dos fatos da biologia no que concerne à sexualidade dos humanos partindo de uma provocação: a proporção sexual 1:1 que levaria à ideia de par complementar, a *sex ratio*, ou seja, a relação, isso não existe. É o que se vê logo à primeira vista no andar de baixo das fórmulas da sexuação: não há correspondência entre os elementos de um lado com os elementos do outro. As setas do desejo não se encontram.

A leitura das fórmulas em três andares é a proposta de Dunker (2017) como alternativa a uma compreensão binária na qual a posição do sujeito seria necessariamente vertical e sincrônica para os três andares, que, do nosso ponto de vista, termina por sustentar uma ideia contrária à teorização lacaniana sobre a sexualidade. Dunker nomeia essa como uma leitura cis e sugere uma transleitura da sexuação, que consistiria em considerar a divisão do quadro também em suas retas horizontais, o que tem por consequência uma abertura às combinações possíveis entre os andares, sendo cada um deles dedicado às distintas categorias da diferença.

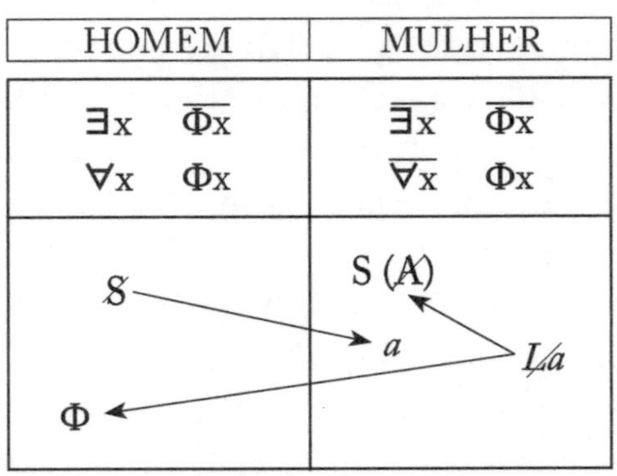

Fonte: LACAN, 1971/2009, p. 132 (adaptado)

Em sua proposta, o primeiro seria o andar dos semblantes, no qual "homem" e "mulher" são "fatos de discurso" (LACAN, 1971/2009, p. 136). No *Seminário, livro 18,* Lacan afirma que a dimensão do semblante toca, em alguma medida, o nível etológico de exibição com fins de cópula. Há no semblante alguma coisa da ordem da aparência, do parecer. "O comportamento sexual humano consiste numa certa manutenção desse semblante animal. A única coisa que o diferencia dela é que esse semblante seja veiculado num discurso [...]" (LACAN, 1971/2009, p. 31).

Dessa forma, "mulher" e "homem" se descolam do par "fêmea" e "macho" e assumem, como fatos de discurso, a função de indicativos ou, como se diz na linguística, *shifters*, "partículas que representam no enunciado a posição da enunciação" (DUNKER, 2017, p. 105). Isso não implica nenhuma essência dessas categorias, posto que sua definição depende de quem fala, tal como no *shifters* de pessoa, os chamados pronomes pessoais. O que é "eu"? A resposta vai variar a depender de quem assume a posição da enunciação. No caso dos semblantes, ou gêneros como se chama no discurso corrente, as consequências disso são duas: "que homem e mulher depende de como alguém assume a língua que fala" e "que o ser-falante, para reconhecer um significante que o representa como sujeito para outro significante, torna o semblante uma função de reconhecimento para o Outro, e também para o gozo" (DUNKER, 2017, p. 105).

A problemática da sexuação começa desde aí, já que tanto no nível da pequena diferença quanto na perspectiva dos semblantes – totalmente relacionados à herança simbólica que se recebe do Outro e que marcam o corpo – a diferença que se impõe, seja pelo real da natureza, seja pelo forçamento simbólico da civilização, não encontra seu correspondente no inconsciente: "No psiquismo, não há nada pelo qual o sujeito pudesse se situar como ser de macho ou ser de fêmea" (LACAN, 1964/2008, p. 200).

Seguindo para o próximo andar das Fórmulas da Sexuação, encontramos a dimensão do gozo. Esse andar tende a ser o mais explorado quando se trata da sexuação dado que é onde Lacan apresenta as fórmulas lógicas introduzindo o prosdiorismo "não-todo", sua invenção. Nesse quadro, vemos novamente a presença de duas posições, dessa vez não referidas ao semblante, mas à lógica.

A álgebra é a mesma da lógica formal, sendo ($\exists$) existe, ($\forall$) todo, e o traço (–) acima dos termos, a sua negação. O (x), Lacan (1971-1972/2012) diz designar apenas um significante no nível em que cada um existe como sexuado. E o (Φ) diz respeito à castração, essa que conforme Lacan todos acreditam saber do que se trata, mas ele próprio admite não saber, embora relacione com o interdito da linguagem no qual "todos os significantes não podem estar presentes ao mesmo tempo, nunca" (1971-1972/2012, p. 32). Assim a castração, expressa pela notação (Φx) "é o que faz obstáculo à relação sexual" (LACAN, 1971-1972/2012, p. 31).

Portanto, vai se tornando mais claro que embora sejam dois quadros, já não estamos no terreno do binarismo (do dois que se pretende par), mas do três, dado que entre as duas posições, há um terceiro termo que faz obstáculo como podemos ver ilustrado pela figura chamada "a característica do terceiro termo" apresentada no *Seminário, livro 18.*

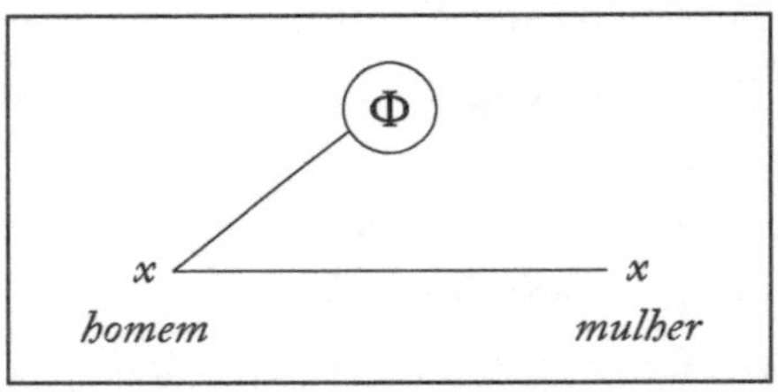

Fonte: LACAN, 1971/2009, p. 132

Nela Lacan pretende mostrar como cada sujeito, ou, se quisermos, cada variável x – notemos que não há distinção algébrica entre homem e mulher na ilustração – se relaciona com o terceiro termo, o falo. Acreditamos que se trata de observar principalmente na figura "a ausência de fechamento de um triângulo fundamental" (LACAN, 1971/2009, p. 133), de maneira a evidenciar o curto-circuito, a não reciprocidade entre os termos. Nisso, o falo seria o terceiro termo, mas não um meio-termo, não faz diplomacia entre as variáveis justamente por ser apenas um único operador para os dois. Segundo Lacan (1971-1972/2012, p. 98) é "exatamente pelo fato de a função ser única, de se tratar sempre de Φx, que se geram a dificuldade e a complicação".

A ideia de que a função é única para ambos vai na direção do que quis Freud (1905/1996, p. 207) quando defende que "se soubéssemos dar aos conceitos 'masculino' e 'feminino' um conteúdo mais preciso, seria possível defender a alegação de que a libido [...]" é da mesma natureza em ambos os casos, quer ocorra no homem ou na mulher. Na medida em que Lacan segue essa trilha freudiana, isso faz uma nova torção na sexuação pois onde supúnhamos haver dois, se descobre um terceiro que não faz mediação e escancara que de fato, "Há Um". Não se trata do Um da fusão universal, mas do Um da pura diferença.

Isso desmonta uma suposta compreensão de complementariedade que faria acontecer o par: "todo homem é fálico" com seu parceiro oposto "toda mulher não o é" (LACAN, 1971/2009, p. 133), uma vez que a categoria do não-todo "não é essa universal negativada. O não-todo não é nenhum" (LACAN, 1971-1972/2012, p. 14), ela tem *alguma* relação com o Φx. Logo, a oposição entre $\forall x$ e $\overline{\forall x}$ pela negação ontológica não se sustenta. A mulher não é um não-homem e também não é o Outro encarnado dado que no tocante à relação sexual, o *heteros* está em jogo para ambos.

Essa proposta também desmantela a ideia de "segundo sexo", o que aproxima a teoria lacaniana da sexuação da crítica realizada pelo movimento feminista.

> Não existe segundo sexo, a partir do momento em que entra em funcionamento a linguagem. Ou para dizer as coisas de outra maneira, no que concerne ao que é chamado de heterossexualidade, o *heteros*, palavra que serve para dizer "outro" em grego, está na posição de se esvaziar como ser para a relação sexual. É precisamente esse vazio por ele oferecido à fala que eu chamo de lugar do Outro, ou seja, aquele em que se inscrevem os efeitos da referida fala (LACAN, 1971-1972/2012, p. 93).

Destarte, independente do semblante ou da anatomia, todos dispõem do gozo fálico. Mas, se isso os assemelha, o que os distinguiria? Esse é um problema lógico que levanta a dificuldade de saber se o que não é diferente é necessariamente semelhante (DUNKER, 2017). Diz Lacan (1971-1972/2012, p. 98-99) "a função fálica domina igualmente os dois parceiros, isto, no entanto, não os torna diferentes, persiste o fato de que é primeiro em outro lugar que devemos procurar a diferença". No nível do gozo, a diferença está na sutileza de que o $\overline{\forall x}$ aponta não para uma oposição ou complementariedade, mas para uma abertura: "Se a mulher é não toda, é porque o seu gozo é duplo" (LACAN, 1971-1972/2012, p. 101). Um gozo suplementar é como Lacan (1972-1973/2008) o denomina e enfatiza no *Seminário, livro 20*. Para além do falo, um gozo a mais.

Sobre esse gozo, seria simples cair na armadilha de dizê-lo obscuro, mesmo transcendental, ponto importante de crítica do movimento feminista. No entanto, quando Lacan recorre à matemática, encontramos uma saída possível para abordar o gozo feminino de modo a não reenviar ao sentido ou ao obscurantismo. Inclusive, é partindo de uma questão da lógica, mais especificamente, sobre o que faz um conjunto e "o problema da disparidade entre infinitos" (DUNKER, 2017, p. 112) que Lacan chega à fórmula "$\not{A}$ mulher não existe".

Em teoria, há dois tipos de conjuntos infinitos: os contáveis e os incontáveis.

Primeiramente, voltando ao quadro, do lado esquerdo das fórmulas temos a fundação do gozo dito todo fálico a partir de uma exceção, isto é, somente porque existe um x não submetido à castração ($\exists x\, \overline{\Phi x}$) que se torna possível formar o conjunto do "todo" fálico ($\forall x\, \Phi x$). Uma contradição interna organiza esse conjunto no qual a exceção faz a regra, como ilustrado pelo paradoxo de Russell: o catálogo dos catálogos contém a si mesmo? Assim funciona o gozo fálico. Sua estrutura teria relação com um tipo de infinito cuja definição é a indeterminação do seu último termo, como na série dos números naturais, N = {1, 2, 3..., n} (DUNKER, 2017). Esses conjuntos infinitos são, teoricamente, enumeráveis. Um conjunto contável, porém, impossível de alcançar seu último termo, pois sua estrutura é n+1. Esse 1 que se presentifica e faz existir o próximo termo é tal como o 1 do enxame significante: S_1, S_1, S_1... isso faz série.

Já do lado direito, encontramos o gozo não-todo fálico o qual se deduz pelas seguintes proposições: não existe um x não submetido à castração ($\overline{\exists x}\, \overline{\Phi x}$), logo não-todo x está submetido à função fálica ($\overline{\forall x}\, \Phi x$). Segundo Dunker (2017), esse gozo se organiza ao modo de uma "lista" de elementos cuja regra de formação não é clara desde antes, tal como nos números Reais, R = {0, 0.333..., 0.7, 1, Pi... n}. Já esse conjunto infinito é incontável posto que não é possível fazer correspondência biunívoca com o conjunto dos números naturais.

A consequência disso é que não é possível, tal como no infinito dos números naturais, formular uma regra como n+1, já que o Um que se impõe nesse caso não é o da série, mas o da inexistência. "A inexistência não é o nada" (LACAN, 1971-1972/2012, p. 50). É antes o que se representa pelo Ø, conjunto vazio, parte de todo conjunto e que se conta como Um, o que falta. Por conseguinte, isso impede que se diga "A mulher", implicando ter que contá-las uma a uma, sempre no singular. Aliás, a todo ser falante é permitido inscrever-se nesta parte e "se ele se inscreve nela, não permitirá nenhuma universalidade" (LACAN, 1972-1973/2008, p. 86).

Outra consequência dessa diferenciação é que "[...] os homens dependem de uma fantasia para gozar, ao passo que, na sexualidade feminina, a fantasia é sempre um tanto incompleta, inacabada ou manca" (DUNKER, 2017, p. 113). Isso porque o gozo suplementar não se restringe aos limites da linguagem.

Chegamos assim, ao terceiro andar das fórmulas, o andar da fantasia como propõe Dunker (2017), no qual se lê com maior precisão essa duplicidade do gozo feminino. Vemos no quadro que a seta que parte do *La* barrado[7] se duplica e segue por um lado em direção ao Φ e em parte em direção ao matema do significante da falta do Outro: "[...] com esse S (A̸) eu não designo outra coisa senão o gozo da mulher [...]" (LACAN, 1972-1973/2008, p. 90). É importante dizer que Lacan não equivale a mulher ao Outro, ele diz que ela "é aquilo que tem relação com esse Outro" (LACAN, 1972-1973/2008, p. 87).

Tendo em vista que a correspondência biunívoca entre os elementos dos distintos conjuntos é impossível, ao abordar o corpo do Outro, o parceiro sempre vai faltar. Na tentativa de fazer suplência a isso – fazer existir a relação sexual – surge a fantasia (LACAN, 1972-1973/2008, p. 69).

7. Alguma confusão em português acaba por ser feita pela equivocação entre o A, indicativo de *Autre*, Outro em francês, e o artigo definido do gênero feminino que difere entre os idiomas. De maneira que o A̸ que aparece no matema do significante da falta do Outro não equivale ao A̸ da expressão "A̸ mulher não existe" – neste caso é do *La* barrado que se trata.

De um lado a seta se direciona ao objeto *a* "que se põe no lugar daquilo que, do Outro, não poderia ser percebido". Todavia, não é de lá que o parceiro responde, por isso, falta e a inexistência de uma seta retornando ao $ ilustra isso. Já do "lado de A̸ mulher, é de outra coisa que não do objeto *a* que se trata no que vem em suplência a essa relação sexual que não há" (LACAN, 1972-1973/2008, p. 69). Sobre isso, Dunker diz que:

> Na perspectiva da fantasia, não contamos mais apenas com o nível dêixico de linguagem ou com o plano proposicional da escrita. Devemos acrescentar o campo da gramática (inconsciente) e dos gêneros de linguagem, assim dita natural ou ordinária, como o romance (familiar do neurótico), a teoria (sexual infantil), o mito (individual do neurótico) [...] e tantas outras modalidades de inscrição da fantasia no nível concreto do discurso [...] (DUNKER, 2017, p. 118).

Logo, esse último andar das fórmulas agrupa "as gramáticas de escolha de objeto, as retóricas amorosas e a dialética do desejo" (DUNKER, 2017, p. 100), concluindo esse esforço de Lacan em dar um maior peso à complexidade que o tema merece. De forma que a sexuação ganha em multiplicidade quanto se compreende a diferença sexual pela via de uma montagem sempre singular entre semblantes, modalidades de gozo, fantasia e as entradas do real em cada um dos níveis e que escancaram o fracasso da empreitada de fazer existir o Um da unificação. Dunker (2017) defende que a relação entre esses três fatores possa ser de contingência e não de necessidade, o que aponta para o falso binarismo das fórmulas da sexuação.

Essa proposta, em certo sentido, vai ao encontro do que pensa Freud, ao dizer que: "Essas características [anatomia, escolha de objeto e identidade sexual], até certo ponto, variam independentemente uma da outra e em indivíduos diferentes são encontradas em permutações múltiplas" (FREUD, 1920/1996, p. 182). Essa saída pela multiplicidade parece atender, em alguma medida, às reinvindicações sociais da contemporaneidade no que tange às pautas identitárias de pluralidade de gêneros e de escolha de objetos. E nesse sentido, a psicanálise já estava na vanguarda ao pensar a diferença sexual em outras bases desde Freud – com as devidas ressalvas sobre as limitações que também encontramos em seu discurso circunscrito em um período histórico específico.

Contudo, cabe pensar se a maior contribuição da psicanálise sobre a sexuação seria mesmo a da multiplicidade (de gêneros e escolhas objetais) dado que essa tese pode levar a um furor classificatório nos moldes dos manuais psiquiátricos, mesmo que a intenção inicial fosse justamente o contrário de uma patologização. Numa busca rápida na *internet*, encontramos aos montes *sites* que se esforçam por catalogar tipos cada vez mais específicos dos chamados "gêneros não-binários". As nomenclaturas vão desde as que correspondem as letras Q (*queer*), T (transgênero) e I (intergênero) na atualização recente da sigla LGBT, até uma infindável coleção de nomes como demigênero, agênero, neutro, nulo, fluido etc.

Se por um lado essas listas parecem indicar uma reinvindicação fálica, isto é, uma tentativa de fazer grupo através do engodo da identidade (movimento comum aos sujeitos adolescentes); por outro, se aproximam ao conjunto aberto do não-todo posto que não se fecha e não podemos estabelecer uma regra n+1, ou seja, é um infinito não enumerável.

Assim, embora esse pleito identitário indique uma reivindicação fálica, o que essa proliferação – bem representada pelo sinal [+] adicionado ao final da sigla LGBTTQI+– termina por indicar muitas vezes é justamente a impossibilidade de fazer um conjunto fechado sobre o qual seja possível dizer: aqui todos gozam igualmente. Resultando em uma lista infindável, posto que tantos gozos quanto sujeitos. Dessa maneira, a impossibilidade de existir a relação sexual está posta para todos os seres falantes, independentemente da sua posição de gozo.

Desse modo, a teoria da sexuação não indica a reprodução da espécie, mas as engrenagens pelas quais sujeito e Outro se relacionam apesar da impossibilidade de biunivocidade. A teoria da sexuação em Lacan não trata das diferenças anatômicas entre os sexos, tampouco hormonais ou cromossômicas. Também não se trata de uma formulação de identidades sociais ou papéis de gênero. A convocação à sexuação, matemizada pelas fórmulas, é antes de mais nada uma imposição à secção, à divisão do sujeito, mesmo daqueles tomados pela escolha celibatária.

Diante disso, propomos que ao invés da multiplicidade, o que há de mais inovador nas construções de Freud e Lacan sobre a sexuação é algo da ordem do singular: no fim, há Um. Em outros termos, como declara Lacan (1972-1973/2008, p. 55), "eles são três, mas realidade, são dois mais a. Esse dois mais a, no ponto do a, se reduz, não aos dois outros, mas a Um mais *a*". Assim, se vê instalado o problema central no despertar da primavera do sujeito adolescente. Da sexuação o que se conta é lorota, anedota. O dito do Outro não dá conta, já que o problema é mesmo de conta: 2 na verdade são 3 que se conta 1. Isso dá nó.

Referências

ALBERTI, S. Dois. In: DAQUINO, M. (Org.) **A diferença sexual: gênero em psicanálise**. São Paulo: Agente Publicações, 2017.

CARDOSO, M. Lacan e Frege: sobre o conceito de Um. **Psicol. USP**, São Paulo, v. 21, n. 1, jan./mar. 2010. Disponível em: <http://www.scielo.br/scielo.php?script=sci_arttext&pid=S0103-65642010000100007&lng=en&nrm=iso>. Acesso em: 13 ago. 2019.

COSSI, R. **A diferença dos sexos: Lacan e o feminismo**. Tese de doutorado, Instituto de Psicologia, Universidade de São Paulo, 2016. Disponível em: <http://www.teses.usp.br/teses/disponiveis/47/47133/tde-25072017-090645/pt-br.php>. Acesso em: 10 jul. 2018.

DUNKER, C. Semblante, gozo e fantasia: por uma transleitura da sexuação. In: DAQUINO, M. (Org.) **A diferença sexual: gênero em psicanálise**. São Paulo: Agente Publicações, 2017.

FREUD, S. (1905) Três ensaios sobre a teoria da sexualidade. In: **Edição *Standard* Brasileira das Obras Completas de Sigmund Freud, v. VII**. Rio de Janeiro: Imago, 1996.

______. (1920) A psicogênese de um caso de homossexualismo numa mulher. In: **Edição *Standard* Brasileira das Obras Completas de Sigmund Freud, v. XVIII**. Rio de Janeiro: Imago, 1996.

LACAN, J. (1956) Situação da psicanálise em 1956. In: **Escritos**. Rio de Janeiro: Jorge Zahar, 1998.

_____. (1957-1958) **O Seminário, livro 5: as formações do inconsciente**. Rio de Janeiro: Jorge Zahar, 1999.

_____. (1964) **O Seminário, livro 11: os quatro conceitos fundamentais da psicanálise**. Rio de Janeiro: Jorge Zahar, 2008.

_____. (1971) **O Seminário, livro 18: de um discurso que não fosse semblante**. Rio de Janeiro: Jorge Zahar, 2009.

_____. (1971-1972) **O Seminário, livro 19: ...ou pior**. Rio de Janeiro: Jorge Zahar, 2012.

_____. (1972-1973) **O Seminário, livro 20: mais, ainda**. Rio de Janeiro: Zahar, 2008.

_____. (1974) Prefácio a "O despertar da primavera". In: **Outros escritos**. Rio de Janeiro: Jorge Zahar, 2003.

_____. (1978) Ler, escrever e contar. In: **O Seminário, livro 25: o momento de concluir**. Texto estabelecido e traduzido por Jairo Gerbase em 3 abr. 2000. Disponível em: <https://pt.scribd.com/document/309077462/Lacan-s25-04-Ler--Escrever-e-Contar-Passe>. Acesso em: 3 set 2020.

LAUREANO, P. Escrita formal e paradoxo na psicanálise. **Mnemosine**, Rio de Janeiro, v. 13, n. 2, p. 152-167, 2017. Disponível em: <https://www.e-publicacoes.uerj.br/ojs/index.php/mnemosine/article/view/41736 >. Acesso em: 4 set. 2020.

RODELLA, R. A puberdade como um momento de efetuação da estrutura subjetiva. In: MAGALHÃES, S. (Org.) **O sujeito da psicanálise**. Salvador: Associação Científica Campo Psicanalítico, 2004.

SOLER, C. **O que Lacan dizia das mulheres**. Rio de Janeiro: Jorge Zahar, 2005.

_____. Nova economia sexual. **Stylus (Rio J.)**, Rio de Janeiro, n. 30, p. 59-68, jun. 2015. Disponível em: <http://pepsic.bvsalud.org/scielo.php?script=sci_arttext&pid=S1676-157X2015000100006>. Acesso em: 14 mar. 2019.

EIXO 2

Subjetivação do gênero e processos criativos

É ISTO UMA MULHER? CAPTURAS FEMININAS NO PORNÔ E NO AMOR A PARTIR DOS *SITES* *YOUPORN* E ADOTEUMCARA

Luiz Felipe Zago, Thanise Atolini e Nicoli Ramos

Introdução: "*pensem bem...*"

Primo Levi (1958/1988, p. 9) perguntou-se não só sobre a condição humana dos homens encarcerados nos campos de extermínio nazistas da Segunda Guerra Mundial, mas também sobre a das mulheres:

> Pensem bem se isto é uma mulher,
> sem cabelos e sem nome,
> sem mais força para lembrar,
> vazios os olhos, frio o ventre,
> como um sapo no inverno.

Escolhemos abrir o argumento deste capítulo com o exercício de reflexão ético-política de Levi com o objetivo de apontar elementos concernentes aos modos de ser mulher hoje a partir de duas pesquisas realizadas em *sites* da *internet*: a plataforma de vídeos pornográficos *YouPorn* e a rede social online AdoteUmCara. Nosso interesse é *pensar bem* certas conformações de gênero por meio de elementos encontrados nesses dois espaços ou campos – e a sugestão de que esses são campos de desaparecimento de vidas é ainda algo a se verificar. De início, é preciso destacar que tanto o *YouPorn* quanto o AdoteUmCara endereçam-se ao feminino tomado de modo reducionista pelo viés do naturalismo biológico, assim, essencializando a "mulher".

Abordar a pornografia e o amor romântico para problematizar gênero não é um exercício inovador. Há interessantes debates no interior dos feminismos sobre as correlações paradoxais entre pornografia, corpo e sexualidade das mulheres (PARREIRAS, 2015), cujos meandros não objetivamos tratar aqui. Há também relevantes discussões sobre a condição feminina no âmbito do discurso do amor romântico (SARLO, 2004), cuja retomada não cabe nestas páginas. Tampouco é inovador tratar das cooptações em vez das resistências, das linhas de força em vez das linhas de fuga. Propomos algo mais simples: *pensar bem* sobre as sujeições que emergem sob o verniz da autonomia e protagonismo femininos em relação aos corpos, sexualidades, concepções de amor romântico que podem ser sublinhadas nos dois *sites*. Por que esses dois *sites*? Porque prometem transformar as relações das mulheres com seus corpos por meio do *YouPorn*, e das mulheres com seus projetos de amor por meio do AdoteUmCara. Mas não o cumprem seriamente, como argumentaremos; suas promessas podem ser armadilhas de liberdade, como a inscrição "Arbeit Macht Frei" da entrada dos campos de concentração da Segunda Guerra.

Nas duas seções que seguem apresentamos elementos produzidos, primeiro, na pesquisa desenvolvida junto à plataforma de vídeos pornográficos *YouPorn* e, segundo, na pesquisa desenvolvida junto à rede social online AdoteUmCara. Na terceira seção, apontamos as capturas que encontramos nos modos de ser mulher operantes nesses dois campos. Na quarta e última seção, sugerimos algumas implicações para as políticas de gênero na contemporaneidade.

Mulheres no *YouPorn*: "vazios os olhos, frio o ventre"

Nos últimos anos, acompanhamos o desenvolvimento de tecnologias da comunicação, tempo em que cada vez mais possibilidades tecnológicas se complexificam, permitindo uma experiência digital de sociabilidade. O desenvolvimento dessas tecnologias, combinadas com a emergência de movimentos de liberação e a reconfiguração ampla pela qual passa a cultura ocidental pelo menos desde a década de 1960, propiciaram uma estreita ligação entre as redes online e o pornoerotismo. A pornografia se emancipa do papel marginal que desempenhava há poucos anos e, articulando-se às tecnologias digitais, é incorporada no cotidiano.

O pornográfico hoje está presente de forma massiva na *internet*, das mais variadas formas. Contudo, Claudia Attimonelli e Vicenzo Susca (2017, p. 7) apontam que as diferentes ofertas que envolvem sexo, sexualidade, erotismo vão além da pornografia apenas como um nicho de oferta midiática: são "vitrines eletrônicas, lingerie erótica, *jockstraps*, algemas de pele, adesivos para seios com pingentes, GIFs pornôs, *live cams, gay-for-pay, str8-to-gay, sex movies, chat rooms, online dating, Chatroulette, love dolls*", entre aquelas opções mais inusitadas como as *fucking machines* (máquinas de estimulação sexual autoeróticas). É um eixo simbólico do nosso tempo e contexto ocidental: é a pornocultura contemporânea. O pornô ultrapassa as telas midiáticas, invadindo as tramas da vida pública e também da privada, interagindo cada vez mais com as tecnologias digitais, infiltrando a sociabilidade contemporânea com diversas práticas e visibilidades sexuais.

Erica Sarmet (2015) mostra que a pornografia é encontrada em milhares de portais online, sejam os *sites* como *PornHub*, *XVideos*, inclusive aqueles com conteúdos autogerados pelos próprios usuários e usuárias, como é o caso do *YouPorn*; canais de TV a cabo voltados exclusivamente para a produção de conteúdo sexual; *blogs* e microblogs pessoais; *sites* de transmissões ao vivo; sites pagos com assinaturas mensais; redes sociais destinadas a práticas sexuais, como também inúmeras revistas, *sexshops*, videolocadoras e cinemas que contemplam o conteúdo pornô.

No vasto leque oferecido pela pornocultura do tempo presente, o *site YouPorn* é uma plataforma pornoerótica de compartilhamento de vídeos, que pode ser acessada pelo endereço youporn.com. O *YouPorn* foi registrado por uma empresa californiana em dezembro de 2005. O domínio lançado na *internet* fez tanto sucesso em um curto espaço de tempo que rapidamente integrou a lista dos cinquenta *sites* mais visitados no mundo (ATTIMONELLI & SUSCA, 2017). Em uma explicação mais breve, o *site* transpõe a lógica do *YouTube* (caracterizada pelo lema "*broadcast yourself*" ou "transmita-se") para o universo pornô. Às usuárias e aos usuários é permitido produzir e avaliar conteúdos postados no *site*. O *YouPorn* é financiado por meio da publicidade, que relaciona às páginas uma infinidade de *links* para linhas de bate-papo eróticas ou serviços que possibilitem encontros eróticos, diretos ou indiretos, em espaços privados, para todos aqueles que compartilham interesses comuns em prazeres, tendências e estilos.

Dentre a pluralidade de conteúdos dos vídeos pornográficos disponíveis no *YouPorn*, escolhemos analisar especificamente aqueles da categoria *milf*, cujas atrizes principais são representadas nos vídeos como "mulheres mais velhas", maduras, experientes sexualmente. As atrizes dos vídeos afirmam não ser contratadas de nenhum grande estúdio pornográfico. Com isso, pretendemos localizar em meio à pornocultura do tempo presente a emergência dessa figura particular, a *milf*, que promete contestar normas estéticas e geracionais bastante atuantes na configuração da indústria pornográfica: as grandes estrelas pornôs quase sempre são jovens e magras, cujos corpos de pele lisa afastam ou dissimulam quaisquer marcas de idade. Nas próprias palavras publicadas no *site*, apresentadas na Figura 1 abaixo, a definição de *milf* é: "um acrônimo (...) usado na cultura pop para descrever qualquer mulher com filhos que ainda é bastante atraente, sem falta de homens querendo fazer sexo com elas."[8]

Figura 1 – Definição de milf segundo o *YouPorn*

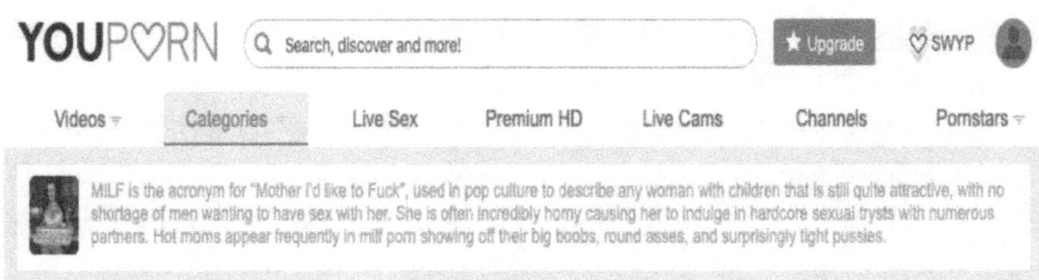

Fonte: Site YouPorn

8. Disponível em: <http://www.youporn.com>. Acesso em: 13 abr. 2020. Tradução nossa.

Vannier, Currie e O'Sullivan (2014) analisaram o conteúdo de mais de cem vídeos em dez *sites* famosos de pornografia sobre dois gêneros pornográficos mais conhecidos: *milf* e *teen* ("adolescente"). As atrizes do gênero *milf* dos vídeos analisados foram retratadas como mais propensas a iniciar e controlar o ritmo da atividade sexual, segundo os autores. Igualmente, em mais da metade dos vídeos selecionados as *milf* também apresentavam um *status* profissional mais elevado em relação aos atores masculinos. Para Vannier et al. (2014), o perfil sexual de mulher "mais velha", sedutora, que possui independência financeira e atitude na relação sexual, pode ser um dos motivos para o largo acesso do gênero pornográfico *milf* nos *sites* pornôs em vários países.

Uma rápida busca online para explorar os sentidos do neologismo *milf* inevitavelmente nos encaminha para uma enxurrada de *sites* pornográficos. Encontramos a descrição da palavra inglesa em alguns dicionários informais na rede, que indicam uma abreviação ou uma gíria referente a frase "*mothers I'd like to fuck*". May Friedman (2014) aponta que a difusão do termo *milf* aconteceu com o filme *American Pie - a primeira vez é inesquecível*, lançado em 1999. Ainda segundo Friedman (2014), a figura da *milf* se refere à mulher ligeiramente "mais velha", experiente, que possui algum cuidado com o corpo e de quem se espera significativa proeza sexual. As *milf* são em sua maioria mulheres brancas, geralmente de classe média alta e apresentadas em contextos heterossexuais. Trata-se, portanto, de mulheres suturadas ao desejo heterossexual, criadas para o olhar e pelo prazer masculinos, cuja vitalidade sexual é consumida pela indústria pornográfica e cujos corpos se expõem nas telas com olhos vazios e com ventres frios.

Mulheres no AdoteUmCara: "sem cabelos e sem nome"

Seria possível sugerir que a expansão dos usos das tecnologias digitais, em especial as possibilidades trazidas pela interconexão via rede mundial de computadores, tivesse trazido mais oportunidades de encontro, de criação de laços e vínculos, de exercício do afeto e das sexualidades de uma maneira menos vigiada e menos controlada que em outras épocas. Seja por meio de salas de bate-papo, *softwares* de conversação instantânea, comunidades online para diferentes grupos de indivíduos, poder-se-ia crer que houvesse mais liberdade (e variedade) para estar com alguém.

Mas o vínculo virou mercado e o mercado converteu os grupos em público-alvo (ILLOUZ, 2009): a estranha homogeneização consumista, como num grande mercado atacadista afetivo. Hoje há aplicativos para *smartphones* e redes sociais online especialmente voltadas para homens homossexuais (Hornet, Grindr), heterossexuais (Tinder, Happen), pessoas acima de 40 anos (Coroa Metade), pessoas negras (Afronamoro), pessoas japonesas (JapanCupid), cristãos (Divino amor), adeptos do poliamor (Pitanga), da troca de casais (D4swing). Incorporadas no contexto da modernidade líquida, onde muito do que era sólido não é mais feito para durar (BAUMAN, 2001), as já citadas redes sociais online participam indelevelmente de uma grande parte da interação romântica e sexual contemporânea.

"AdoteUmCara" é um *site* de relacionamento originado da França, no ano de 2007, e que foi disponibilizado no Brasil em 2013. A rede social pode ser acessada através do endereço adoteumcara.com.br ou também pelo aplicativo de celular. Segundo a sua própria descrição, esta é "uma rede social descolada e divertida onde somente as meninas podem chegar nos caras!", e mais adiante as/os desenvolvedoras/es da rede social ainda afirmam que "para permitir que os caras entrem em contato com elas, as meninas devem falar com eles ou colocá-los no carrinho!"[9]. A logomarca da rede social, mostrada na Figura 2, indica a promessa de mudança na relação de gênero.

Vemos uma boneca feminina segurando um carrinho de supermercado com o boneco masculino dentro. Tal imagem explicita a dinâmica estabelecida pela rede social, que insere as mulheres como compradoras e homens como produtos na prateleira. A imagem, articulada ao texto em que se lê "O conceito do AdoteUmCara é simples: dando poder de escolha

9. Disponível em: <https://www.adoteumcara.com.br/help>. Acesso em: 10 abr. 2020.

às mulheres...", possibilita pensar em alguma dimensão do empoderamento das mulheres. Instaura-se a sugestão de que, nessa rede social, são as mulheres que detêm o poder de escolher os homens com os quais vão se relacionar – e não o contrário, como tem sido a prática político-cultural que assujeita o corpo e a subjetividade das mulheres no Ocidente (RUBIN, 1975/2017).

Figura 2 – A logomarca do "AdoteUmCara"

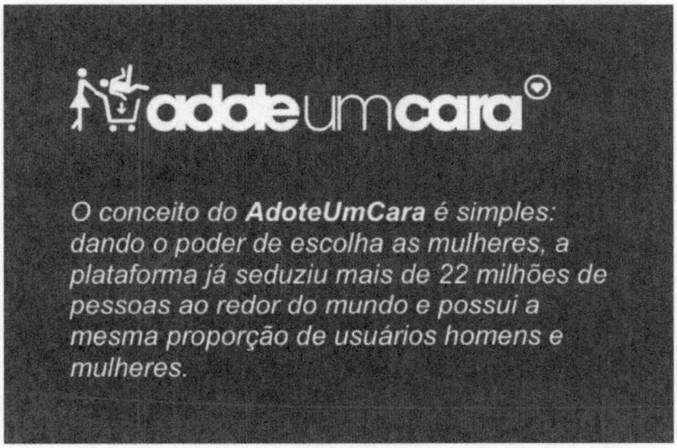

Fonte: Site *AdoteUmCara*

Em um primeiro momento, já é possível observar que a rede social se apropria da linguagem do consumo e, como tal, coloca seus produtos (homens) em categorias, facilitando a procura das compradoras (mulheres). Isso se expressa, por exemplo, na distribuição dos perfis online das/os usuárias/os do AdoteUmCara. Conforme a rede, no cadastro "os caras preenchem uma ficha e se colocam na prateleira [...] eles devem esperar que uma cliente queira colocá-los em seu carrinho para iniciar uma conversa", ou seja, os homens não podem encaminhar uma mensagem sem antes obter a aprovação da mulher que irá recebê-la (ou recusá-la). As possibilidades de as usuárias entrarem em contato com os usuários acontecem por meio de ofertas: ao abrir um perfil masculino, as informações estão dispostas com a seguinte linguagem: "Conteúdo da embalagem", espaço no qual aparecem os *hobbies* do usuário, e "Funções e habilidades", no qual aparecem suas preferências por esportes, capacidades musicais, gastronômicas e atividades de lazer de cultura. Aos homens é demandada uma informação precisa a ser exibida em seu perfil, que é o tipo de relação pretendida com as usuárias da rede; entre as opções estão "carteira assinada (romance)", "*freelancer* (pega mas não se apega)" e "estagiário (ver no que vai dar)". Supostamente, as mulheres estão na chefia.

As categorias por meio das quais essa rede social online funciona são similares a um jogo (CAVALCANTI, 2017; PELÚCIO, 2017; SANTOS, 2018) em que as/os usuárias/os podem escolher e ser escolhidas/os por suas preferências em relação às características físicas e comportamentos da/o sua/seu parceira/o "ideal". O serviço vendido pelo AdoteUmCara é a promessa de laço afetivo e sexual entre as/os integrantes, que funciona por meio da exposição da oferta e delimitação da procura: somente participam do jogo e do consumo aquelas/es que se enquadrarem em pré-requisitos rígidos, compartimentalizados, inflexíveis. As/Os demais, que não despertam nenhum interesse, não têm cabelos nem nomes: estão desde já excluídas/os do atacadão do amor.

Capturas do empoderamento: "sem mais força para lembrar"

O que vimos apontando até aqui é que dois campos da vasta rede de tecnologias digitais, o *site YouPorn* e a rede social AdoteUmCara, cada qual com suas peculiaridades, oferecem possibilidades de apropriação tecnológica para transformar relações de gênero. Uma delas é a visibilização pornográfica de corpos de mulheres em vídeos que prometem a *milf* como mulher que, apesar de "mais velha", mantém-se como atraente para os homens graças à sua experiência sexual. Outra, a colocação de mulheres no monopólio da escolha dos homens com quem se relacionam afetivamente por meio de uma rede que posiciona os homens como mercadoria ou empregados. Em ambos os casos, no *YouPorn* e no AdoteUmCara, a iniciativa estaria na mão *delas*, e isso seria o bastante, ou um bom começo, para empoderá-las.

Mediante análise dos vídeos pornôs[10], percebemos que as atrizes reiteravam alguns padrões estéticos já sustentados pela indústria pornográfica estadunidense: eram mulheres brancas, relativamente magras e todas depiladas. A atriz dos vídeos "*Mature Milf Teaching Young Man*" e "*Wife Shows How to Fuck*" é uma mulher branca, que se apresenta em seu próprio canal como "safada em casa" ou "esposa safada". Possui cabelos curtos e lisos, um pouco acima dos ombros, com luzes mais claras. A atriz é uma mulher loira, branca, seu corpo não possui estrias nem celulites aparentes em ambos os vídeos. Seus seios são grandes, aparentemente com prótese de silicone, pois apesar de ser uma mulher "mais velha", seus seios são bem rígidos. Nos dois vídeos faz uso de bastantes acessórios como *piercing* no umbigo, anéis, colar, relógio, *lingerie* com cinta-liga e salto alto. Também está levemente maquiada em ambos. Sua vulva é depilada, aparecendo pouquíssimos pelos, porém esses limitados por uma depilação desenhada. Não possui tatuagens pelo corpo. Mantém relações sexuais com um único homem.

A atriz do vídeo "*Stepmom Teachs Son's Friend a Lesson*" também é uma mulher branca e está com a pele bronzeada. Cabelos castanhos claros e lisos estando parcialmente presos. Possui olhos claros, está vestida com uma saia curta, camisa feminina estampada com botões. Seu corpo corresponde também a um padrão da indústria pornográfica estadunidense: sua pele está muito bronzeada, possui seios grandes, embora também não fique nua em nenhum momento do vídeo, apenas abre os primeiros botões da camisa, em que é possível ver os seios com sutiã e bastante volume. Está com as unhas feitas, usando batom. Usa acessórios como anéis e brincos. Relaciona-se sexualmente somente com um homem, cujo rosto não aparece; somente seu pênis ereto. Trata-se, assim, de corpos femininos industrializados pela pornografia (DÍAZ-BENITEZ, 2010): não têm rugas, nem pelancas, nem cicatrizes; rostos maquiados, unhas pintadas; se os seios estiverem eventualmente flácidos, as próteses de silicone garantem sua exibição em rede.

10. O enfoque metodológico do trabalho foi um longo processo que, por razões de extensão do texto, não trazemos neste exercício. Mas é possível mencionar que o material empírico foi composto por seis vídeos ao todo.

As definições de *milf* concentram-se nas formas e texturas de seu corpo, um corpo que, apesar de "mais velho", mantém-se atraente (para os homens). Identificamos, por outro lado, que as atrizes que desempenham os papéis de *milf* são mulheres que se apresentam nos vídeos como "aquelas que sabem o que os garotos gostam", fazendo referências sobre a timidez de "jovens garotos" com quem contracenam face à mulher "madura", sobre o nervosismo desses homens na "primeira vez que gozam na boca de uma mulher". Esses elementos marcam uma relação de poder que envolve a experiência e maturidade das mulheres em oposição aos jovens homens tímidos, sem atitude e inexperientes na relação sexual. Há também um investimento na construção de uma figura sensual e sedutora, associada à educação sexual por ser experiente, madura e determinada sexualmente, sem vergonha de assumir seus desejos íntimos. Portanto, a *milf* não é somente aquela mulher que continua atraente apesar da idade, mas aquela mulher sábia e experiente sexualmente que toma as rédeas da relação sexual.

Entretanto, salientamos que o desenvolvimento narrativo dos vídeos pornográficos obedece à sequência sexo oral-penetração vaginal-ejaculação masculina (ABREU, 1996), findando sempre com o orgasmo dos homens, o que reitera práticas sexuais ainda orientadas narrativamente pelo ápice do gozo masculino. Nos dois vídeos citados, os homens comparecem às cenas mediante a filmagem de seus pênis eretos em poucos momentos dando o rosto à vista; já as mulheres têm seus corpos filmados à exaustão, de vários ângulos, com especial enquadramento dos seus rostos em momentos de prazer – dos homens.

Entre as possibilidades analíticas do AdoteUmCara[11], trazemos relatos públicos[12] de usuárias sobre suas experiências de amor por meio da rede social. Uma delas escreve: "Criei meu perfil, depois de 5 segundos um cara me chamou a atenção, coloquei ele no carrinho e de repente estamos construindo nossos futuro juntos! [sic]", o que pode sugerir seu

11. Pelo mesmo motivo do comentário anterior, a amplitude do material exigiu recortes para esta produção. É possível mencionar que o material empírico foi composto por um conjunto de conteúdos de "estilo de vida" dirigidos às usuárias da rede social.

12. Disponível em: <https://www.adoteumcara.com.br/lab/pyjama>. Acesso em: 15 abr. de 2020.

sucesso afetivo; contudo, também pode indicar que a velocidade da relação romântica obedece as mesmas urgências da prática do consumo em um supermercado. A marca cronológica dos "5 segundos" parece exprimir a instantaneidade dos serviços da rede social; trata-se, enfim, de um serviço que funciona imediatamente depois de ser utilizado, como um *delivery* instantâneo de romance aos moldes do iFood. Porém, quando "de repente" se está "construindo nossos futuros juntos", a perspectiva temporal se estende a perder de vista, esboçada num longo e duradouro projeto de vida em comum – marcas próprias da idealização do amor romântico (COSTA, 1998; GIDDENS, 1993). É importante de assinalar que a usuária diz ter 21 anos.

Outra usuária, de 33 anos, narra o seguinte: "Estou completamente apaixonada por um cara que conheci aqui no Adote, ele é tudo de bom, me faz muito feliz, mas ele não demonstra sentimentos e eu não sei o que fazer". O relato começa bem e promete ser mais um *case* de sucesso dos serviços; entretanto, apesar de estar "completamente apaixonada" e ser "muito feliz", o homem que conheceu por meio da rede social não demonstra seus sentimentos em relação a ela. Isto é, ela se diz uma apaixonada solitária, que ama sozinha e dá sinais de estar numa relação de um lado só. O mais interessante é a usuária dizer que "não sabe o que fazer", assim como outra, de 20 anos, que afirma: "Nosso combinado era só fazer sexo. Mas agora os dois estão apegados. O que fazer?". Aquilo que falta à primeira parece sobrar para a segunda, mas ambas, uma em sua solidão e a outra em seu inesperado, fazem a mesma pergunta retórica demandando orientação, saídas, caminhos sobre como lidar com seu sentimento de amor. Esses relatos podem mostrar que o binômio necessário do par romântico pode bem ser superpovoado de expectativas e apreensões em relação ao outro, esse outro que fundamentalmente nos escapa, é imprevisível, que nos impõe a pergunta permanente: o que fazer? Uma usuária de 25 anos dá sua dica: "Aprendi a sentir amor só por mim, e que se fod* o resto!", aos moldes da organização neoliberal da mercadoria amor, impregnada entre as mulheres no AdoteUmCara.

Talvez a ambiguidade do par da idealização romântica, expressa pela figura do casal fusionado em mônoda de puro fascínio, expressa pelas diferentes experiências de tempo do sentimento romântico, narradas a partir da difícil construção do laço com o outro em meio à experiência de si mesmo, apareça de maneira mais bem-acabada no relato de uma usuária que narra: "Estou aqui pois o amor é algo simples mas ao mesmo tempo complicado que desisti de procurá-lo, mas no fundo desejo ter ele como sempre quis... sonho de uma adolescente que partiram o coração e ele acabou virando uma pedra". Algo simples e também complicado; algo do qual se desiste, mas ainda se procura; um sonho que é pesadelo; um músculo que vira pedra. É tal a ambiguidade entre polos opostos da idealização romântica que não é inadequado sugerir que o dilema do ter para ser, próprio do consumo de mercadorias (BAUMAN, 2007), é mais bem apreendido exatamente aqui, neste campo que é o AdoteUmCara, no qual as mulheres não recusam a racionalidade capitalista que deu origem ao amor romântico.

Não há mais força para lembrar que a pornografia e também o amor são campos nos quais a vida não pode se deixar ser capturada, mas onde deve ser permanentemente re-criada?

Conclusões: "um sapo no inverno"?

Conforme o exposto, quisemos mostrar elementos de assujeitamento dos corpos, sexualidades e afetos femininos a partir de duas pesquisas específicas em *sites* da rede mundial de computadores. Também parece explícita nossa intenção de problematizar certa crença de que as tecnologias digitais aí estão como mais recente ferramenta para a revolução das práticas culturais em tempos recentes. A tão demandada visibilidade, por meio de vídeos e perfis online, é uma forma de controle.

Avançando na pletora de sugestões pontuadas ao longo da argumentação, de modo singelo quisemos apresentar elementos que compõem uma paisagem cultural bem-delimitada pelo funcionamento industrial e mercantil das sociedades capitalistas, fazendo coro àqueles que afirmam que o capitalismo é máquina de produção de corpos, de subjetividades. A produção pornográfica é um negócio, assim como o serviço que promete laços românticos. Os corpos que surgem nas telas dos vídeos são produtos, assim como os perfis que são criados na rede social online. O gozo pornô e o êxtase romântico, no *YouPorn* e no AdoteUmCara, seguem bem a cartilha do consumo.

Mas duas notas finais merecem ser acrescentadas, sob pena de sabermos tudo o que encontraríamos desde a primeira linha do texto.

A personagem pornô *milf* é uma mulher de iniciativa sexual, que conhece seu corpo e que exerce o prazer. A romântica pretendente à adoção é uma mulher que exerce suas escolhas afetivas e que recusa o tráfico de seus sentimentos. Diferente do que historicamente tem vampirizado as potências femininas nas suas experiências de prazer e afeto, é possível entrever que a *milf* pornô e a compradora romântica colocam clivagens significativas nas relações de gênero. Ambas estão em lugar de escolha, de decisão, de iniciativa sobre seu prazer e seus sentimentos (mesmo que se possa problematizar o estatuto da liberdade e da autonomia no âmbito dos dispositivos de captura capitalistas neoliberais, como o da prática do consumo). Em parte, isso se dá graças às infraestruturas técnicas da rede mundial de computadores; sobretudo, isso se deve às profundas transformações oriundas de movimentos que buscaram, no último século, criar novas formas de ser no mundo – sem dúvida, os feminismos ocupam lugar proeminente nessa empreitada. Portanto, herdeiras que são do gesto feminista de crítica às cristalizações das relações de gênero mesmo sem reivindicar tal herança, a *milf* pornô e a compradora romântica encontram-se em posições culturais ambíguas: tal como sugerimos na Introdução, ambas são sujeitos do tempo presente que prometem autonomias (sexual, afetiva) que, *pensadas bem*, podem caracterizar novas sujeições.

Criar vida, e vida diferente daquela já vivida (não para nos libertar, mas para nos experimentar), exige responsabilidade pela criação. Nesse sentido, a pornografia e o amor romântico, por mais capturantes que sejam, podem se converter em territórios de enfrentamento (à lógica do consumo, à industrialização dos corpos, à racionalidade neoliberal – como queiramos) desde que assumamos a responsabilidade pela disputa, pelas perdas e decisões inerentes à criação de vida (ao empoderamento, ao protagonismo – como queiramos). O sapo no inverno está em hibernação, em latência: não faz vida, não é responsável por nada; é uma vítima. E a simples inversão da relação de poder entre os gêneros, isto é, o ato de colocar as mulheres em posição de gozo e de compra historicamente ocupadas por homens *não resolve o problema do enfrentamento, da criação de vida e da responsabilidade daí oriunda*. A pergunta política que importa, em termos de relações de gênero, é a medida e a possibilidade que a pornografia e o amor permitem, em suas imagens, textos, gozos e lágrimas, criar vidas diferentes daquelas que têm nos formatado até o presente.

Referências

ABREU, N. C. **O olhar pornô: a representação do obsceno no cinema e no vídeo.** Campinas: Mercado de Letras, 1996.

ATTIMONELLI, C. & SUSCA, V. **Pornocultura: viagem ao fundo da carne**. Porto Alegre: Sulina, 2017.

BAUMAN, Z. **Modernidade líquida**. Rio de Janeiro: Jorge Zahar Editora, 2001.

______. **Vida para consumo: a transformação das pessoas em mercadorias**. Rio de Janeiro: Jorge Zahar, 2007.

CAVALCANTI, H. T. S. **Deu match! As trocas nos relacionamentos virtuais e a objetificação do sujeito no *Tinder*.** Dissertação de Mestrado, Programa de Pós-Graduação em Administração, Universidade Federal da Paraíba, 2017.

COSTA, J. F. **Sem fraude nem favor: estudos sobre o amor romântico**. Rio de Janeiro: Rocco, 1998.

DÍAZ-BENÍTEZ, M. E. **Nas redes do sexo: os bastidores do pornô brasileiro**. Rio de Janeiro: Zahar, 2010.

FRIEDMAN, M. Unpacking MILF: Exploring motherhood, sexuality and feminism. **Atlantis: Critical Studies in Gender, Culture and Social Justice**, Halifax/Nova Scotia, v. 36, n. 2, p. 49-60, 2014. Disponível em: <https://journals.msvu.ca/index.php/atlantis/article/view/1378/pdf_7>. Acesso em: 4 set. 2020.

GIDDENS, A. **A transformação da intimidade: sexualidade, amor & erotismo nas sociedades modernas**. São Paulo: Editora da UNESP, 1993.

ILLOUZ, E. **O consumo da utopia romântica**. Madri: Katz Editores, 2009.

LEVI, P. (1958) **É isto é um homem?** Rio de Janeiro: Rocco, 1988.

PARREIRAS, C. **Altporn, corpos, categorias, espaços e redes: um estudo etnográfico sobre pornografia *online***. Tese de Doutorado, Programa de Pós-Graduação em Ciências Sociais, Universidade Estadual de Campinas, 2015.

PELÚCIO, L. **Amor em tempos de aplicativos: masculinidades heterossexuais e a negociações de afetos na nova economia do desejo**. Tese de livre-docência, Faculdade de Arquitetura, Artes e Comunicação, Universidade Estadual Paulista Júlio de Mesquita Filho, 2017.

RUBIN, G. (1975) O tráfico de mulheres. In: **Políticas do sexo**. São Paulo: Ubu, 2017.

SANTOS, S. C. **Curtir ou não curtir: experimentações a partir do *Tinder***. Dissertação de Mestrado, Programa de Pós-Graduação em Antropologia, Universidade Federal da Paraíba, 2018.

SARLO, B. **El imperio de los sentimientos**. Buenos Aires: Grupo Editorial Norma, 2004.

SARMET, E. R. **"Sin porno no hay posporno": corpo, excesso e ambivalência na América Latina**. Dissertação de Mestrado, Programa de Pós-Graduação em Comunicação, Universidade Federal de Fluminense, 2015.

VANNIER, S. A., CURRIE, A. B., & O'SULLIVAN, L. F. School girls and soccer moms: A content analysis of free "teen" and "MILF" online pornography. **Journal of Sex Research**, New York, v. 51, n. 3, p. 253-264, 14 nov. 2014.

TRAUMA, PRECARIEDADE E ALIANÇAS DISCURSIVAS DE MULHERES

Adriana Azevedo

Parte 1 – Mudez

Lendo o capítulo do livro *Borderlands / La Frontera: The New Mestiza*, de Gloria Anzaldúa (1999), fui impactada pelo trecho inicial do capítulo "Como domar uma língua selvagem"[13], no qual ela fala sobre o ditado "Em boca fechada não entra mosca". Alzandúa diz que sempre ouvia esse ditado quando era criança:

> Ser faladeira era ser uma fofoqueira e uma mentirosa, falar demais. *Muchachitas bien criadas*, garotas bem comportadas não respondem. É uma falta de respeito responder à mãe ou ao pai. Eu me lembro de um dos pecados que eu tive que contar ao padre no confessionário numa das poucas vezes que fui me confessar: responder à minha mãe, *hablar pa' 'trás, repelar*. Bocuda, respondona, fofoqueira, boca-grande, questionadora, leva-e-traz são todos signos para quem é malcriada. Na minha cultura, todas essas palavras são depreciativas se aplicadas a mulheres – eu nunca as ouvi aplicadas a homens (ANZALDÚA, 2009, p. 306).

Fui lembrando de todo o meu percurso sendo criada e educada como uma jovem menina. Eu era questionadora, curiosa, sempre tinha opiniões quando partilhava a mesa de adultos, e eram sempre opiniões que fazia o restante da mesa prestar atenção com espanto. Mas lembro que minha mãe

13. A tradução desse capítulo foi publicada no *Cadernos de Letras* da Universidade Federal Fluminense em 2009. As citações que trago no presente capítulo são retiradas dessa versão (ANZALDÚA, 2009).

sempre repreendia a minha ousadia de falar e eu era silenciada, ressaltando que aquele não era um direito meu – na condição de criança, como uma menina que deveria se portar bem.

Nós, mulheres, fazemos parte de uma longa tradição de interdição do falar. Segundo Jane Brox (2019), no artigo "The Silence of Women", para as mulheres o silêncio "tem a sua própria e complexa história no mundo das punições judiciais". Do século XVI ao XIX, eram comuns na Europa, punições por mulheres falarem demais em público, por "fazerem fofoca", resmungarem, ou tagarelarem demais. A punição para a fala e a forma de silenciar coercitivamente mulheres era feita através da aplicação de um aparato chamado *scold's bridle*, uma máscara de ferro vazada, que envolvia a cabeça, apertava as narinas obrigando a respiração ser mais lenta e curta, e uma outra parte que entrava na boca – se tentasse falar, espetos feriam a língua. A aplicação dessa máscara de silenciamento era comum na Grã-Bretanha e Alemanha, mas também nas mulheres que viviam nas colônias nas Américas. O castigo poderia ser motivado inclusive por práticas antinaturais ou comportamentos insubmissos - como ser lésbicas, por exemplo. A mesma tortura era aplicada em pessoas escravizadas, mas sobretudo mulheres escravizadas, por insubordinação, por falarem demais, tentarem se rebelar, ou por terem se alimentado mais do que o limite permitido.

Parte 2 - Enquadramentos a partir de *Butler*

Quero abrir um espaço para trazer ao desenvolvimento desta reflexão as noções levantadas por Judith Butler acerca da precariedade e vulnerabilidade em seu livro *Quadros de Guerra: quando a vida é passível de luto?* (BUTLER, 2017), que acredito serem extremamente úteis para pensarmos acerca do trauma e das alianças produzidas por mulheres no contemporâneo. Butler continua, no livro em questão, a sua reflexão sobre quais vidas que importam, iniciada em *Corpos que importam – os limites discurssivos do "sexo"* (BUTLER, 2019) e a sua reflexão sobre vulnerabilidade, mas suplementando seu pensamento com a análise sobre a forma com que nossas afetividades são reguladas de modo que não conseguimos apreender determinadas vidas como passíveis de luto.

Ela está interessada em refletir sobre o que chama de "enquadramento seletivo e diferenciado da violência" (BUTLER, 2017, p. 13). É um problema epistemológico. Segundo Butler, "as molduras pelas quais apreendemos ou, na verdade, não conseguimos apreender a vida dos outros como perdida ou lesada (suscetível de ser perdida ou lesada) estão politicamente saturadas" (Ibid.). Esses enquadramentos organizam a nossa experiência visual e geram ontologias específicas do sujeito. São enquadramentos que necessitam de condições de reprodutibilidade, precisam ser reiterados para que funcionem sobre nós. Essa reprodutibilidade faz com que o sujeito seja formado a partir de normas, é assim que as normas atuam e determinam o que é um sujeito passível de ser reconhecido como tal pela sociedade, e os que não o são. Os que são passíveis de luto e os que não o são.

A questão da representatividade e da representação, objeto de negociações políticas por parte dos movimentos afirmativos e identitários, é uma tentativa de atuar na produção de novos enquadramentos. Sujeitos são os que são vistos como sujeitos. O enquadramento tem geografia, tem cor, tem gênero, tem sexualidade. Os sujeitos legitimados pelos enquadramentos são, retirando um pouco a parcimônia da filósofa, brancos, cis-héteros, e de regiões geograficamente privilegiadas. São sujeitos que, se morrem na esquina, se são alvejados pelo poderio militar (mas isso não acontece), são prontamente enlutados e provocam ondas de indignação social e cobertura incessante da mídia. Por outro lado, existem os sujeitos que ficam em uma zona exterior a esses enquadramentos, e são vidas que *não são* passíveis de luto ou lamento.

É preciso destacar as relações que Butler estabelece entre a questão do enquadramento e a dimensão da precariedade. A precariedade é uma condição que compartilhamos, todos nós somos seres precários. Butler ressalta que a precariedade precisa ser entendida como "uma condição compartilhada da vida humana" (BUTLER, 2017, p. 30). Somos todos precários e todos estamos sujeitos a perecer, seja por uma doença, seja por um acidente, seja por fome, por falta de moradia, por intempéries.

E "é exatamente porque um ser vivo pode morrer que é necessário cuidar dele para que possa viver" (Ibid., p. 32). Se todos somos precários, precisamos de algumas condições para que a nossa vida seja possível de ser vivida.

> ...o que talvez seja mais importante é que teríamos de repensar "o direito à vida" onde não há nenhuma proteção definitiva contra a destruição e onde os laços sociais afirmativos e necessários nos impelem a assegurar as condições para vidas vivíveis, e fazê-lo em bases igualitárias. Isso implicaria compromissos positivos no sentido de oferecer os suportes básicos que buscam minimizar a precariedade de maneira igualitária: alimentação, abrigo, trabalho, cuidados médicos, educação, direito de ir e vir e direito de expressão, proteção contra os maus-tratos e a opressão (BUTLER, 2017, p. 41).

Os corpos em condição precária seriam justamente os que estão fora dessa zona dos suportes básicos que visam a minimizar a precariedade. Muitas mulheres, por exemplo, o meu objeto estratégico de análise nesta comunicação, estão passíveis de sofrerem abusos, assédio, estupro, feminicídio, e estão desprovidas de proteção mesmo em contexto familiar – como apontarei mais adiante –, não usufruindo tampouco do direito livre de ir e vir, o mesmo direito à expressão e à proteção contra maus-tratos e opressão.

Para que os corpos em condição precária tenham direito à sobrevivência e prosperidade, é necessário que ampliemos nossas reivindicações. Butler defende que devemos nos apoiar no que ela chama de "uma nova ontologia corporal", em suas palavras: "que implique repensar a precariedade, a vulnerabilidade, a interdependência, a exposição, a subsistência corporal, o desejo, o trabalho e as reivindicações sobre a linguagem e o pertencimento social" (BUTLER, 2017, p. 15).

Interesso-me particularmente pelas "reivindicações sobre a linguagem" que, a meu ver são interpelações de subjetividades e singularidades múltiplas, excluídas desses enquadramentos e da ontologia normativa e cisheteropatriarcal. No que concerne a questionar a moldura, "[...] significa mostrar que ela nunca conteve de fato a cena a que se propunha ilustrar, que já havia algo de fora, que tornava o próprio sentido de dentro possível, reconhecível" (BUTLER, 2017, p. 24).

Parte 3 - Trauma e (re)tomada de voz

Em 20 de outubro de 2015 estreou o programa de culinária MasterChef Júnior, um *reality show* onde crianças de 9 a 13 anos cozinhavam em uma espécie de competição de talentos, exibido pela Rede Bandeirantes. O programa chamou a atenção em todo o Brasil depois de sua estreia não pelo seu conteúdo infantil gastronômico, mas pelo fato de que, nas redes sociais, diversos comentários de cunho de desejo sexual eram postados por homens, se dirigindo a uma das participantes, chamada Valentina, que então tinha 12 anos. O caso serviu como estopim para o coletivo feminista *Think Olga* lançar uma campanha em torno da *hashtag #PrimeiroAssédio*, através da qual milhares de mulheres em todo o país narraram, no Twitter e em outras redes sociais, sobre a primeira vez na qual homens as trataram de forma abusiva e assediosa. A campanha tomou proporções gigantescas.

De acordo com o Mapa da Violência de 2015 (WAISELFISZ, 2015), treze mulheres morrem por dia por motivações machistas, o que contabiliza por volta de quatro mil e oitocentas mortes por ano. No ano de 2013 o Sistema Único de Saúde (SUS) recebeu em seus hospitais e clínicas duas mulheres a cada hora com sinais de violência de gênero. Além disso, para se ter uma noção desse tipo de violência em nível global, segundo dados da ONU, uma em cada cinco mulheres sofreu ou sofrerá estupro ou alguma tentativa de violação do seu corpo (LOUREIRO, 2017).

A comoção em torno da sexualização da jovem Valentina e a forma como esse acontecimento levou mulheres a escreverem sobre suas primeiras (e precoces) experiências de assédio, abuso, estupro, violências de gênero – em uma ação conjunta de rememoração e testemunho, e estimuladas por uma iniciativa feminista –, nos faz perceber que estamos em um momento em que narrar esse tema se faz urgente. Sobretudo tendo em conta que o direito de narrar é um direito histórico do homem, e é dado a ele ainda assim quando comete um feminicídio – rememorando a recente manchete na qual o assassino feminicida dizia "Não aceito apanhar de mulher – diz jovem que matou namorada adolescente com coleira de cachorro" (DIAS, 2019).

Narrar se tornou vital, mas me interessa uma dimensão singular desse narrar, que é o fazer poético das mulheres no contemporâneo. Essa dimensão me interessa porque quero pensar como esse fazer poético me ajuda também a pensar a questão do trauma nesse recorte das mulheres poetas em tempos de uma ressignificação e renascimento do feminismo, em tempos de (re)tomada de voz.

A violência sexual e a imposição do trauma ao corpo de mulheres funcionam, na ordem social, como uma forma de induzir seus corpos à condição precária (retomando a noção de Butler) e à vulnerabilidade. A domesticação desses corpos, a naturalização da violência sobre eles e de imposição do silêncio é uma forma de desapossar mulheres de seus próprios corpos. Os dados apontados nos mostram que ser mulher é por si só uma experiência atravessada por traumas e pela condição precária – sobretudo o trauma sexual e a violência física.

Ann Cvetkovich, em seu livro *An Archive of Feelings – Trauma, Sexuality, and Lesbian Public Culture*, aponta que "o discurso do trauma", por outro lado, lhe permitiu se "questionar sobre as conexões entre garotas como ela se sentindo mal e os eventos históricos mundiais" (CVETKOVICH, 2003, p. 3). Para ela o trauma sexual "parece invisível porque é confinado à esfera doméstica ou privada", e que, por esse motivo, o seu impacto às vezes não parece estar de acordo "com a experiência coletiva de eventos históricos, como a guerra ou o genocídio" (Ibid., p. 3). Além disso, o trauma pode ser indizível e irrepresentável, ou marcado pela dissociação e pelo esquecimento.

Quero falar aqui dos nossos silêncios, mas é preciso ir além, é preciso falar de nossas interpelações. Silêncio corrói, silêncio adoece, silêncio impede que os traumas impostos aos nossos corpos deixem de ser traumas. As nossas interpelações vêm da poesia. É na poesia que conseguimos, segundo Audre Lorde, em seu texto "Poesia não é um luxo", publicado no livro *Irmã Outsider* (LORDE, 2019), fazer com que aqueles medos e os silêncios percam o seu controle sobre nós.

É de meu interesse o tema da poética de mulheres desde que ganhei de presente uma zine de Córdoba, na verdade uma espécie de livreto, que continha poemas e contos produzidos por mulheres lésbicas. O encontro com essa zine produziu em mim a constatação de que aquelas poesias proporcionavam uma dimensão da partilha, mas também a dimensão do apagamento histórico da fala de mulheres lésbicas. A partir disso, produzi de forma independente com duas outras mulheres lésbicas o livro independente *Que o dedo atravesse a cidade, que o dedo perfure os matadouros* (AZEVEDO, BARONI & MIRANDA, 2018), inspirada na tal zine argentina, somente com poemas de autoras lésbicas brasileiras. Abrimos uma chamada pública e fizemos uma seleção dos poemas.

Percebi que estávamos inseridas em uma cena onde acontecia simultaneamente o *Slam das Minas RJ, o Movimento Respeita!*, e o projeto coletivo de poesia e experiência sonora que eu faço parte, chamado Conjuração 44.

Todos projetos de mulheres, envolvem produções poéticas, envolvem produção de coletividade, e trazem essa retomada de voz. O *Movimento Respeita!* (2018 – presente), surgiu como um coletivo de mulheres poetas cariocas, após a denúncia de estupro feita por uma participante do sarau *CEP 20.000*, que acontece há mais de vinte e oito anos no Rio de Janeiro – o violador é um poeta participante assíduo do evento. Já o *Slam das Minas RJ*, foi concebido e é produzido pela poeta Letícia Brito junto com Eliana Mara Chiossi, Karen Ferreira, Lian Tai, Ursula H. Lautert e Yassu Noguchi. Trata-se de uma competição de poesia, tendo como palco ruas e praças da cidade do Rio de Janeiro, composta por mulheres poetas, LBTs, negras, periféricas, marginalizadas. O *Conjuração 44* é um coletivo de performance de mulheres LesBi, que trabalha a cura do trauma do assédio através da leitura de poesias, o tratamento com sinos tibetanos e a criação sonora.

Essas vertentes têm em comum o fato de serem acontecimentos artísticos e discursivos de mulheres, no esforço de criar alianças em torno da poesia, mas também da experiência traumática de ser mulher – diante de experiências de assédio, abuso, estupro –, e na tentativa de fazer a vida vivível. A poesia como iluminação – como diz Audre Lorde.

Parte 4 - É melhor tirar os sapatos para uma mulher lésbica pisar nesse espaço (acerca de *Conjuração 44*)

Em março de 2019 eu recebi um e-mail da pesquisadora e curadora Maria Bogado, que estava naquele momento montando a programação do Subcena, um evento de artes sonoras que acontece na Audiorebel (um espaço de música independente localizado em Botafogo), no contexto do mês das mulheres. O seu e-mail chegou por conta do livro independente que idealizei, composto por poemas de autoras lésbicas *Que o dedo atravesse a cidade, que o dedo perfure os matadouros* (AZEVEDO et al., 2018), um projeto meu realizado coletivamente com duas outras editoras, Aline Miranda e Bel Baroni. A intenção de Maria era que as integrantes cariocas da edição lessem suas poesias na ocasião do evento que estava curando. No entanto, por conta de algumas divergências coletivas, tendo em vista a Audiorebel ser um espaço que já foi denunciado por feministas como um espaço opressor e machista, o convite da curadora se transformou. Decidiu-se construir uma nova encenação, não mais centrada somente na leitura dos poemas da zine, mas em novos poemas que fariam parte de um arranjo que mistura *performance*, sonoridades experimentais e tratamento holístico com sinos tibetanos. Assim, aconteceu e nasceu o *Conjuração 44*.

A palavra "conjurar" tem uma dimensão coletiva, trata-se de uma "reunião", mas diz respeito a uma trama, uma maquinação, um plano, mas um plano de desvio. Mulheres lésbicas e bissexuais, sapatões, desviantes, tramando em conjunto – tendo em vista a conotação aracnídea do termo – também evoca a feitura de uma teia, um tecido, uma rede para capturar a presa. A *performance* parte daí, uma confecção conjunta de um ato de resistência, entre *performers* e espectadorxs.

Mas "conjurar" também nos remete à bruxaria, à evocação mágica de mulheres com seus saberes ancestrais, com seus saberes de cura, uma economia da natureza, que leva em conta o conhecimento do vento, das plantas, da terra, do controle reprodutivo e a plena liberdade e saber do seu corpo, do erótico, dos seus desejos. A caça às bruxas, que Silvia Federici mapeia em *Calibã e a bruxa*, é uma contrarrevolução da qual o advento do capitalismo fez parte. Pretendia-se conter justamente essa força, a perseguição foi contra os "sujeitos que o capitalismo precisou destruir", de acordo com Federici: "a herege, a curandeira, a esposa desobediente, a mulher que ousa viver só, a mulher *obeah* que envenena a comida do senhor e incitava escravos à rebelião" (FEDERICI, 2017, p. 24).

Reescrever a história e deflagrar o caráter patriarcal dessa contrarrevolução é fundamental para as interpelações contemporâneas de mulheres lésbicas, bissexuais, trans, não-binárias, insubmissas, violadas, rebeldes... Porque é justamente contra essas interpelações que as novas ondas conservadoras estão atuando no presente. Em 2017 já pudemos ver os protestos contra a presença da filósofa lésbica Judith Butler em São Paulo, na ocasião do evento "Os fins da democracia", organizado pela USP no Sesc. A manifestação era pequena em tamanho, mas impactante em sua imagem: uma boneca de pano representava o rosto de Butler com uma fantasia de bruxa. A manifestação-*performance* resolveu queimar a imagem da filósofa. Os eventos que decorreram a esse acontecimento, nas eleições de 2018, deflagraram que vivemos uma nova caça às bruxas. Nas recentes eleições, aumentaram os ataques a pessoas LGBTs, a pessoas negras, e, inclusive, mulheres lendo livros feministas em ônibus foram agredidas.

Conjuração 44 se insere nesse contexto das manifestações absurdas do conservadorismo, mas é preciso também denunciar que a violência heteropatriarcal atravessa os eventos promovidos por sujeitos mais progressistas, sob a forma dos denominados (de forma bastante irônica) de "esquerdomachos".

A *performance* é formada por várias camadas inscritas, sobrepostas. 1. Nós tiramos os sapatos; 2. incensos são acesos no ambiente; 3. nos arrumamos em círculo em torno de sinos tibetanos em cuia; 4. a plateia entra; 5. Gabi deita no meio dos sinos tibetanos e Singoalla começa o tratamento com eles, e as sonoridades experimentais de Clarissa são tocadas em paralelo; 6. Maria Isabel lê o poema introdutório enquanto Clarissa faz o tratamento com os sinos, deitada entre eles; 7. Clarissa se levanta e lê a segunda parte da introdução, uma das *performers* se coloca deitada entre os sinos, para iniciar o seu "tratamento". Assim começa um processo cíclico. A *performer* acaba de receber o tratamento e, em seguida, parte para o microfone para ler seu poema e, enquanto lê, outra performer recebe seu tratamento para em seguida ler o seu...e assim em diante. O figurino é vermelho, a luz é vermelha.

O texto de abertura, escrito pela poeta Maria Isabel Iorio, endereça ao espectador o aspecto pungente da *performance*, a necessidade de *falar do trauma sexual* ou do assédio que conecta corpos e experiências de mulheres – no plural –,

> infelizmente não temos
> medidas de segurança
> vejam
> há portas
> e ainda assim
> é possível ser encurralada
>
> se você não é um abusador
>
> se você não é um abusador uma série
> de coisas podem acontecer com você
>
> e nós sabemos
> disso
> faz tempo

Não há nenhuma pretensão de eliminar os males do patriarcado do espaço onde a *performance* acontece, mas com a consciência desse espaço e da história que ele carrega, pretende-se provocar "um horror e uma indignação mais generalizados, que apoiem e estimulem o clamor por justiça e pelo fim da violência" (BUTLER, 2017, p. 25), citando Judith Butler em *Quadros de Guerra: quando a vida é passível de luto?*, ao comentar acerca da poesia recuperada na prisão de Guantánamo. Em um trecho mais à frente, o texto de abertura da *performance* diz:

> seria legal se a gente conseguisse chorar
> como um gesto público
> como quem canta um hino, de independência

as notícias diriam *hoje 30 pessoas choraram*
juntas
se acertando com os próprios olhos

Ann Cvetkovich, em seu livro *An Archive of Feelings - Trauma, Sexuality, and Lesbian Public Culture*, aponta como o trauma sexual "parece invisível porque é confinado à esfera doméstica ou privada" (CVETKOVICH, 2003, p. 3); e que, por esse motivo, o seu impacto às vezes não parece estar de acordo "com a experiência coletiva de eventos históricos, como a guerra ou o genocídio" (Ibid.). A produção de partilhas públicas de sentimentos, feitas por mulheres lésbicas tematizando o abuso e a violência sexual, torna-se uma forma de entrar no jogo de visibilizações e invisibilizações de traumas, dores e formas de os sublimar e não os patologizar ou os somatizar. A construção fictícia de uma notícia de jornal que anunciaria o choro de trinta pessoas que "se acertam com seus próprios olhos", é uma proposição pela ressignificação político-afetiva da experiência do trauma que é deflagrada coletiva e publicamente com a *performance*, o que Jacques Rancière descreve, em *A partilha do sensível: estética e política* (2009), como "formas de inscrição do sentido na comunidade" (RANCIÈRE, 2009, p. 18).

A pergunta que nos perseguia e nos interpelava enquanto preparávamos a *performance* era: "seria possível produzir esse tipo de acontecimento em um espaço opressor?". Jack Halberstam (2014) em um ensaio intitulado "You are triggering me! The neoliberal rhetoric of harm, danger and trauma" nos alerta para uma reiteração generalizada da condição de vítima nas comunidades LGBT e feminista e na emergência de uma retórica fundada na ferida e no trauma, e que "o apelo para a constituição de espaços protegidos e tranquilizadores [dentro desse contexto] funciona em conjunto com uma gentrificação que mascara todos os problemas de classe e raça locais e globais" (HALBERSTAM, 2014). Halberstam enfatiza que as minorias sexuais e de gênero têm uma longa tradição de ressignificar os xingamentos e categorias classificatórias pejorativas que as designam, sendo necessário retomar esse gesto afirmativo. É necessário que nos apropriemos de signos e espaços. Ele, como homem trans inserido nessa comunidade, que um dia já se inseriu nela como uma mulher lésbica *butch*, critica duramente a noção de "espaço seguro", que remete a um passado de insurreição de modos de vigilância de bairros pobres nos Estados Unidos e de gentrificação de outros, como já assinalado. O autor ressalta que "enquanto as comunidades LGBT fazem da segurança a sua prioridade absoluta (e isso em plena era militarista e de segurança vigiada), baseado na superação de suas histórias de trauma, eles abandonam completamente a luta contra formas cada vez mais agressivas de exploração, contra o capitalismo globalizado e contra sistemas políticos corruptos..." (Ibid.).

A estratégia que adotamos com o *Conjuração 44*, diante disso, foi de aceitar o convite e de construir uma *performance* com o intuito de provocar ranhuras naquele solo, frestas por onde vozes recalcadas possam ressoar.

A sonoridade dos sinos tibetanos de Singoalla entram na *performance* com seu viés terapêutico, permitindo que o ritual performático, feito no espaço marcado por uma denúncia de assédio, sustente uma ambivalência: a cura e a imputação. A ressonância dos *bowls* metálicos, a sua vibração, remetem também ao mesmo tempo à cura e ao seu caráter erótico – o vibratório côncavo e a fricção do bastão sobre o *bowl* fazem parte de uma economia erótica lésbica, em oposição à lógica penetrável heteropatriarcal.

Cvetkovich (2003), analisando a *performance* da banda punk *Tribe 8* no *The Michgan Womyn's Music Festival* em 1994, acusada de ativar gatilhos de traumas sexuais das espectadoras ao cortar um dildo em uma *performance* barulhenta de rock, observa que as "reações tradicionais de minorias sexuais ao trauma são o fetiche e a fantasia", e ainda que "as possibilidades subversivas de repetição com uma diferença, que foram valorizadas nas discussões de *butch-femme, drag* e outras práticas culturais queer, portanto, fornecem a base para rituais de cura e *performances*." Os aspectos negativos do trauma, nessas práticas culturais, são acolhidos, e não recusados. Isso "desafiaria a própria hipótese repressiva, tão central para a autoajuda e discursos terapêuticos" (CVETCKOVICH, 2003, p. 88-89).

Quando deitei entre os sinos durante a *performance*, fechei os olhos e fui embalada pela sua sonoridade relaxante e pela vibração sonora que ele produz por toda a extensão líquida da qual meu corpo é composto internamente. Meu corpo vibra. A ansiedade que persiste em mim como subjetividade atravessada pelo trauma da violação e das rejeições, por conta da minha sexualidade desviante, foi dissipada. *A água trouxe e levou meus medos*. O som dos sinos se misturava ao som da voz da poeta Fernanda Vaz dizendo a sua poesia:

> começo por diferenciar o acho, acredito e espero
> fora clichês:
> acho que não temos jeito
> acredito na vida eterna de alguma matéria
> espero tirar a língua dessa ferida que não cicatriza
> e falando nela a saliva não ajuda em nada
> só aqui dentro
> que falar sara muito

Audre Lorde (2019), em seu ensaio texto "Poeia não é um luxo", nos faz refletir sobre como as mulheres têm uma intimidade especial com o escrutínio, e que é preciso usar esse escrutínio para poder dentro da nossa vida. A partir disso os medos e silêncios começam a perder controle sobre nós, conforme diz o poema de Fernanda Vaz: "falar sara muito". Cito Lorde, para que ela nos ajude mais:

> Dentro de cada uma de nós, mulheres, existe um lugar sombrio onde cresce, oculto, e de onde emerge nosso verdadeiro espírito "belo/ e resistente como castanha/ pilares se opondo ao (seu) nosso pesadelo de fraqueza" e de impotência.
>
> Esse nosso lugar interior de possibilidades é escuro porque antigo e oculto; sobreviveu e se fortaleceu com essa escuridão. Dentro desse local profundo, cada uma de nós mantém uma reserva incrível de criatividade e de poder, de emoções e de sentimentos que ainda não foram examinados e registrados. O lugar de poder da mulher dentro de cada uma de nós

> não é claro nem superficial; é escuro, é antigo e é profundo (LORDE, 2019, p. 46).

Para Audre Lorde, a poesia não seria um luxo para as mulheres, pois funciona para nós como "uma destilação revelatória da existência", uma necessidade vital. Pensamentos assustadores, segundo ela, tornam-se intoleráveis ou incompreensíveis, a não ser quando vêm depois de uma poesia:

> ela estabelece os alicerces para um futuro de mudanças, uma ponte que atravessa o medo que sentimos daquilo que nunca existiu [...] Por vivermos dentro de estruturas definidas pelo lucro, por relações de poder unilaterais, pela desumanização institucional, nossos sentimentos não estariam destinados a sobreviver (LORDE, 2019, p. 47-48).

Sentir, partilhar o sensível dentro dessa estrutura, implementa a liberdade. *Conjuração 44* se trata disso. "As dores emergem dos nossos sonhos, e são os nossos sonhos que apontam o caminho para a liberdade" (Ibid., p. 49), ainda citando Lorde. Ou, evocando o título da zine de poemas da coalizão de poetas mulheres *Respeita!*, do qual algumas integrantes do *Conjuração 44* fazem parte, "são nossas as notícias que daremos". E daremos produzindo insurgência, mesmo que seja como um vírus que invade o território deles.

Referências

ANZALDÚA, G. **Borderlands/La Frontera: The New Mestiza**. California: Aunt Lute Books, 1999.

______. Como domar uma língua selvagem. **Cadernos de Letras da UFF – Dossiê: Difusão da língua portuguesa**, Niterói/RJ, n. 39, p. 297-309, 2009. Disponível em: < http://www.cadernosdeletras.uff.br/joomla/images/stories/edicoes/39/traducao.pdf>. Acesso em: 4 set. 2020.

AZEVEDO, A.; BARONI, B. & MIRANDA, A. (Orgs) *Que o dedo atravesse a cidade, que o dedo perfure os matadouros*. Publicação independente em formato de zine. Rio de Janeiro, 2018.

BROX, J. The Silence of Women. **Longreads**, New York, jan. 2019. Disponível em: <https://longreads.com/2019/01/15/the-silence-of-women/>. Acesso em: 28 maio 2020.

BUTLER, J. **Quadros de guerra: quando a vida é passível de luto?** Rio de Janeiro: Civilização Brasileira, 2017.

______. **Corpos que importam – os limites discurssivos do "sexo"**. São Paulo: N-1, 2019.

CVETKOVICH, A. **An Archive of Feelings: Trauma, Sexuality and Lesbian Public Cultures**. Durhan/Londres: Duke University Press, 2003.

DIAS, F. "Não aceito apanhar de mulher", diz jovem que matou namorada adolescente com coleira de cachorro. **Portal G1**, Sidrolândia/MS, 2 abr. 2019 Disponível em: <https://g1.globo.com/ms/mato-grosso-do-sul/noticia/2019/04/02/nao-aceito-apanhar-de-mulher-diz-jovem-que-matou-namorada-adolescente-com-coleira-de-cachorro.ghtml>. Acesso em: 28 maio 2020.

FEDERICI, S. **Calibã e a bruxa: mulheres, corpo e acumulação primitiva**. São Paulo: Elefante, 2017.

HALBERSTAM, J. You Are Triggering me! The Neo-Liberal Rhetoric of Harm, Danger and Trauma. **Bully Bloggers**, [S.l.], 5 jul. 2014 Disponível em: <https://bullybloggers.wordpress.com/2014/07/05/you-are-triggering-me-the-neo-liberal-rhetoric-of-harm-danger-and-trauma/>. Acesso em: 30 maio 2020.

LORDE, A. **Irmã outsider**. Belo Horizonte: Autêntica, 2019.

LOUREIRO, G. Pesquisa revela dados alarmantes sobre abuso sexual contra mulheres. **HuffPost Brasil**, São Paulo, 26 jan. 2017. Disponível em: <https://www.huffpostbrasil.com/2014/02/12/pesquisa-revela-dados-alarmantes-sobre-abusos-sexuais-contra-mul_a_21664731/>. Acesso em: 28 de maio de 2020.

RANCIÈRE, J. **A partilha do sensível: estética e política**. São Paulo: Editora 34, 2009.

WAISELFISZ, J. J. **Mapa da violência. Homicídio de mulheres no Brasil**. Brasília: Flacso, 2015.

UMA PAUSA DE MIL (COM) PASSOS: ENSAIOS CONCEITUAIS-METODOLÓGICOS COM MULHERES EM DANÇAS DE SI

Ana Gabriela Farias, Michele Vasconcelos e Sandra Oliveira

Aquecimento

Este artigo intenta apresentar passos conceituais-metodológicos-políticos ensaiados por meio de uma pesquisa que se fez campo de experimentação/pensamento em agenciamento com a dança e a clínica, acompanhando movimentos do (des)território mulher que se inscreve e constitui corpos. Uma proposta que surgiu da dança como dispositivo inicial de encontro e desencadeador de processos de ampliação da vida por meio dos fios de uma narrativa de si que aproxima pesquisa, arte, clínica e política: "o fazer da própria vida um testemunho de construção de uma vida artista" (RAGO, 2011, p. 251); um trabalho sobre si como luta política; danças de si, uma composição dançada, coletiva, de uma vida outra, de uma língua outra, balbuciante (DELEUZE, 1990/2010), de um outrar a palavra mulher e seus modos de encarnação.

Inspirando-nos numa perspectiva cartográfica, entendemos o conhecimento como invenção e a pesquisa como intervenção. "O conhecimento como produção da realidade e a pesquisa como um mergulho no plano da experiência no qual emergem o si e o mundo, aquele[as] que conhece[m] e aquele[as] ou aquilo que é conhecido. Conhecer é fazer, é ato de produção" (KASTRUP & PASSOS, 2014, p. 210). Pesquisamos não para conhecer um mundo dado, mas para transmutá-lo; mais do que descrever estados de coisas, visamos acompanhar processos.

Trata-se de, ali onde as coisas tremem, fazer pesquisa também tremendo e tecer um território dançante de habitação coletiva em luta pela expansão dos territórios de vida de todas e cada mulher. Na composição desse corpo coletivo, o objetivo-desejo foi, pois, seguir dançando a palavra mulher, rachando-a, fazendo dessa palavra justa, justo uma palavra (DELEUZE, 1990/2010). Justo uma palavra. Dançar-escrever com a palavra mulher e contra seus desígnios patriarcais, contra aquilo que dessa palavra se introduz em nossa carne e em nosso sangue e nos amortece e mortifica; monstrificá-la, saindo do roteiro cor de rosa do ser mulher tecido por fios da moral.

Para tanto, pomos em dúvida a possibilidade de uma humanidade genérica e universal, colocando em questão, inclusive, a possibilidade de se pensar em uma comunidade plenamente humana. Afinal, o que se estaria tentando produzir com essa ideia de plenitude? Haraway (1993) destaca que algumas figuras excessivas e móveis colocam em xeque essas comunidades que pertenceriam apenas aos seus "senhores". Refere-se, nesse caso, a uma figura perturbadora, ex-escrava, tomada como mote para pensar a articulação entre as exclusões racistas e sexistas entre os norte-americanos, chamada Sojourner Truth, que pode ser traduzido, curiosamente, como Hóspede da Verdade. A autora explica que o discurso de Truth era deslocado, duplamente dúbio, ela era fêmea e negra, uma fêmea negra; uma mulher negra, não uma substância coerente com dois ou mais atributos (biológicos), mas uma singularidade, que representava toda uma humanidade excluída e perigosamente promissora. Contudo, esses "indivíduos excêntricos" podem convocar-nos a explicar nossa arrazoada humanidade, cujas partes sempre se articulam pela produção de verdades e refugos ou os chamados monstros.

> ...os monstros sempre definiram, na imaginação ocidental os limites da comunidade. Os centauros e as amazonas da Grécia antiga estabeleceram os limites da polis centrada no humano masculino grego ao vislumbrarem a possibilidade do casamento e das confusões de fronteira entre, de um lado, o guerreiro e, de outro, a animalidade e a mulher. Gêmeos não separados e hermafroditas constituíram o confuso material humano dos primeiros tempos da França moderna, o qual fundamentou o discurso no natural e no sobrenatural, no médico e no legal, nos portentos e nas

doenças – elementos, todos eles, cruciais no estabelecimento da identidade moderna (HARAWAY, 2000, p. 97).

Para produzir fissuras nos muros dessas comunidades demasiadamente humanas, a perspectiva genealógica (FOUCAULT, 1979/2008a) articula-se à nossa proposta de percurso cartográfico como *ethos* da pesquisa, especialmente no ponto em que questiona a possibilidade da abordagem de determinados problemas em termos de perseguição das suas origens. Assim como para Foucault[14], para Haraway (2000), as datas, como esquemas de fixação de origem, são duvidosas, mas não estamos acostumados a lembrar que, como objetos de conhecimento e como atores históricos, a "raça", por exemplo, nem sempre existiu, a "classe" tem uma gênese histórica e os "homossexuais" são bastante recentes. Para pensar e evidenciar esses nascimentos, a autora argumenta em favor do ciborgue[15] como uma ficção que mapeia nossa realidade social e corporal e também como recurso imaginativo que pode sugerir alguns frutíferos acoplamentos.

Mais que as possibilidades de acoplamentos novos, a encarnação ciborguiana não se encaixaria nas chamadas narrativas de origem, no sentido "ocidental", humanista; dependente do mito da unidade original, da ideia de plenitude, da exultação e do terror, representados pela mãe fálica da qual todos os seres humanos devem se separar – uma tarefa atribuída ao "desenvolvimento" individual e à história (HARAWAY, 2000). Quando propomos essas perspectivas metodológicas, também estamos tentando escapar dessas narrativas de origem, tanto nas nossas práticas de pesquisa, como nas práticas clínicas. Nesse sentido, pensamos na proposta ciborgue como dispositivo de problematização do sujeito bem delineado em suas fronteiras de humanidade e identitárias como objeto de intervenção.

Eis o desejo que ainda segue: transvalorar, transmutar, arrancar as casas que nos botamos, nos desnudar, no limite da linguagem que nos

14. Ver como esse autor narra o nascimento da loucura, da delinquência, da sexualidade moderna, da clínica, por exemplo.

15. Outras definições de ciborgue que Haraway dá ao longo do manifesto: um organismo cibernético, híbrido de máquina e organismo; matéria de ficção, mas, também, experiência viva vivida; são filhos ilegítimos do militarismo e capitalismo patriarcal; infiéis às suas origens.

produz, sendo o que ainda não se é, devindo-mulher, construindo outras casas, por meio das nossas histórias. E assim, desajustando, retirando a justeza de tal palavra, fazendo dela, justo uma palavra, com a força do que se enuncia. Uma palavra. Mulher.

Entre dança e pesquisa, primeiros passos cambaleantes

Os primeiros passos da pesquisa de mestrado da qual este texto deriva deram-se por meio do tateio por um modo de escrever a respeito da criação de um corpo no agenciamento com a dança. Um ensaio com palavras também dançantes, balbuciantes, que pudessem também fazer corpo, fazer durar a intensidade, mesmo que dobrando-a, da experimentação de um corpo que dança, um corpo em movimento.

Nesse começo, partíamos de uma aposta conceitual-metodológica que nos permitia balbuciar uma língua para dizer desse corpo[16]: uma aposta na consistência corporal do conhecimento, de uma aprendizagem (da dança e do pesquisar) que se faz por cultivo e inscrição corporal; uma aposta de que a subjetividade "não é um domínio da representação, mas um domínio experiencial" (KASTRUP, 2008, p. 101). Assim, não pensamos em subjetividade restrita a processos mentais, mas numa subjetividade corporificada, "tributária da ação, resultante de experiências que não se inscrevem mentalmente, mas no corpo" (Ibid., p. 104). O objetivo foi, então, o de, entendendo a dança como um campo de pensamento, acompanhar processos de subjetivação.

O pensamento "não age em abstrato, mas contra seu tempo, contra algo que tem uma experiência concreta, indicando que há um combate sempre localizado entre pensamento e história" (KASTRUP, 2008, p. 95). Que movimentos desse corpo que dança nos interessariam? Entendendo a

16. Caminharemos aqui com uma noção de corpo que extrapola a materialidade físico-biológica, entendendo-o como "superfície de inscrição" dos poderes (Foucault 1979/2008a), um corpo que se constitui historicamente como objeto e alvo do poder, como materialidade tomada pelo aparelho de produção, como destaca Revel (2005) e que, portanto, é sempre efeito de práticas sociais.

subjetividade como inscrita no tempo, nossa direção foi a de cultivar uma atenção ao presente, não no que ele "possui de específico, mas sim por seu estatuto de campo movente" (KASTRUP, 2008, p. 94). Um presente que força a pensar não pelas subjetividades aí já configuradas, constituídas, mas porque nele habita o movimento de transmutação das formas constituídas, derivas subjetivas. A atenção ao presente nos dá a possibilidade de acompanhar processos, processos de (des)subjetivação.

> A atualidade não revela um domínio estável e formas instituídas, nem a resultante de uma sucessão linear de eventos, mas um campo instável, do qual as transformações fazem parte. Não nos referimos a um estado atual, mas a uma atualidade em movimento. Em resumo: atualidade traz certamente o passado, certas configurações históricas caracterizadas pela regularidade. Mas é também na atualidade que tais regularidades são desestabilizadas e novidades são esboçadas (KASTRUP, 2008, p. 94).

O que se considera constituído é, portanto, uma espécie de decantação, sempre atual e provisória e igualmente disposta à precipitação, sujeita ao movimento, inclusive temporal. Os movimentos desse corpo que dança que nos interessam são esses esboços de invenções de si, experiências de si, danças de si, em que se narra em dança para transmutar formas de subjetivação constituídas. Tratou-se de experimentar caminhos de vida, passos, possibilidades, inclusive metodológicas, para fazer uma pausa de mil compassos no movimento de dançar e olhá-lo da posição de pesquisadoras, habitando um território entre pesquisa, movimento corporal e movimento do (in)mundo.

Antes de prosseguirmos, uma ressalva que articula a palavra política à nossa aposta conceitual-metodológica: modos de conhecer constituem modos de ver; evidenciam disputas de narrativas, do que se constituirá como explicações científicas do mundo, e de como se impõem certos modos de ver. "A visão é sempre uma questão do poder de ver – e talvez da violência implícita em nossas práticas de visualização. Com o sangue de quem foram feitos os meus olhos?" (HARAWAY, 1995, p. 25). Assim, o termo política comparece buscando evidenciar que "o conhecer envolve uma posição em relação ao mundo e a si mesmo, um *ethos*" (KASTRUP, PASSOS & TEDESCO, 2008, p. 12).

Perscrutando, então, um pesquisar menor[17], no esforço de encarnar essa nova política, tecemos uma trajetória considerando todo e cada aspecto que compõe um campo, tudo que mobiliza um corpo como possibilidade de aproximação para investigação. Como dissemos, esta pesquisa teve a cartografia como inspiração (ESCÓSSIA, KASTRUP & PASSOS, 2010), compreendendo que o tema, o objeto, os objetivos, os procedimentos metodológicos, os dados, os conceitos fundamentais vão sendo engendrados no próprio percurso. Compreende também o exercício de pesquisar como um acompanhamento de processos em curso. Assim, os relevos, fissuras, desvios compõem um mapa no corpo das pesquisadoras em contato com o campo em que se inserem, corpo-campo forjado por meio às questões que o vão intrigando nesse contato, demandando novos olhares, *transvisões*[18].

> O olho vê, a lembrança revê, e a imaginação transvê. É preciso transver o mundo. Isto seja: Deus deu a forma. Os artistas desformam. É preciso desformar o mundo: Tirar da natureza as naturalidades. Fazer cavalo verde, por exemplo. Fazer noiva camponesa voar – como em Chagall. Agora é só puxar o alarme do silêncio que eu saio por aí a desformar (BARROS, 2016, p. 55).

Com Virgínia Kastrup (2008) e com Manoel de Barros (2016), pensamos o mundo incluindo nele sempre a novidade, vendo-o mais próxima da obra de arte do que de um pêndulo como o faz a ciência clássica. Estamos entendendo "o conhecimento científico como um eco poético da natureza, [...] um processo aberto de produção e invenção dentro de um

17. As minorias e as maiorias não se distinguem pelo número. Uma minoria pode ser mais numerosa que uma maioria. O que define a maioria é um modelo ao qual é preciso estar conforme: por exemplo, o europeu médio adulto macho habitante das cidades... Ao passo que a minoria não tem modelo, é um devir, um processo. (DELEUZE, 1990/2010, p. 214).

18. No sentido transversalizante, que "desforma", inventando de novo, elaborando novas conexões, hibridizando o pensamento e não um olhar que transcende, que sobrevoa.

mundo aberto, produtivo e inventivo" (PRIGOGINE, 2001, p. 101). Sair por aí a desformar. Assim, apostamos na escrita de um texto acadêmico como uma instalação e montagem do conhecimento que vai se movimentando na medida em que novas experiências vão sendo vividas e conectadas com aquilo que já vinha sendo trabalhado. Ou seja, entendemos que as leituras, a produção e o contato com o campo de pesquisa, a própria escrita, as discussões de tudo que conecta e se encarna no corpo, físico e textual, que seja, vão se tornando sua própria composição.

Trata-se de uma escrita quente e emocionada – não como uma emoção psicológica, mas "uma emoção vital ativada pela experiência das forças que agitam o mundo enquanto corpo vivo e que produzem efeitos em nosso corpo em sua condição de vivente" (ROLNIK, 2016, p. 12) –, uma escrita que se movimenta ensaiando nossa experimentação como dançarinas na/da vida, expandindo-se na formação como psicólogas, entre as porosas fronteiras ensino-aprendizagem, pesquisa-docência, pesquisa-intervenção, academia-vida. Um texto que convida a academia a *abrir mão do destaque e vir para o chão sambar* (POLAYNE, 2009), movimentadas pela questão do como tornar escrita um corpo-dançante ou tecer uma escrita dançante como um estudo encarnado acerca de processos de subjetivação, entre instituições e invenções. Invenção de si e de um mundo correlato, que se dá no instante dançado e se prolonga em duração pelo corpo e pelas narrativas que o constituem. Uma escrita incorporada, um corpo em criação que se põe a dançar a vida fazendo-se dobra na escrita de si, como diria Margareth Rago (2011).

Entre pesquisa e dança: passos de manada

O pouso não deve ser entendido como uma parada do movimento, mas como uma parada no movimento. Voos e pousos conferem um ritmo ao pensamento e a atenção desempenha aí um papel essencial. A entrada do aprendiz de cartógrafo no campo da pesquisa coloca imediatamente a questão de onde pousar sua atenção. (Virgínia Kastrup; **O funcionamento da atenção no trabalho do cartógrafo**)

Por acaso[19], esta pesquisa encontrou com o espetáculo *Vaca Profana*, apresentado pelo Grupo de Dança Performance, inicialmente um projeto de extensão do Departamento de Dança da Universidade Federal de Sergipe[20]. Tecendo um jeito de escrever, fomos dos primeiros apontamentos da experiência entre corpo, dança e criação e, no encontro com o espetáculo, às questões em torno do corpo montado como de mulher, performado a partir da sua generificação como feminino. Como nunca, fomos entendendo que a produção generificada dos corpos é performática, se faz com base numa repetição constantemente imposta (LOURO, 2004). Fomos dos primeiros encantamentos de uma das pesquisadoras com os efeitos em seu corpo ao agenciamento com a dança-narrativa de mulheres que arriscam passos em falso para furar o cerco do rebanho e devir-manada.

O espetáculo toca a pele com a força e a forja do (banalizado) *slogan* feminista "o pessoal é político"; bem como a afirmação de Liliana da Escóssia (2014) sobre o coletivo como plano de coengrendramento entre indivíduo e sociedade, espaço de interstício, de invenção, aquilo que escapa às formas dadas, instituídas. A *performance* narra em dança dores de corpos forjados como corpos de mulheres que dançando parecem desfazer-se de signos de submissão; dança-dispositivo, dançando narram o que estão a caminho de se tornarem (DELEUZE, 1968/1988). Esse foi o cheiro, o rastreio, o pouso, a pausa no movimento (KASTRUP, 2007) que adensou o desejo de pesquisar: acompanhar efeitos-subjetividade de corpos dançantes, acompanhar efeitos-subjetividade na vida das mulheres que compuseram esse espetáculo. Essa era a pista: fazer da/com a pesquisa uma contradança de mulheres, uma contramemória com mulheres, um devir-mulher por meio da dança.

19. A ideia de acaso aqui se articula a duas noções desenvolvidas por Foucault: "genealogia" e "acontecimento" (1979/2008a). Como sintetiza Revel (2005), a genealogia trabalha a partir da diversidade e da dispersão, do acaso dos começos e dos acidentes, rejeitando o retorno no tempo para restabelecer a continuidade da história, ao contrário, fica na espreita de restituir os acontecimentos na sua singularidade. A noção de acontecimento, por sua vez, deve ser entendida como uma espécie de antônimo de uma tomada de decisão, como uma espécie de "poder confiscado" ou como uma "relação de forças que se inverte" (1979/2008a).

20. Ele começou sendo dançado por mulheres do curso de graduação em dança, que por sua vez, abriram as portas para receber a primeira autora deste texto - arriscando um pesquisar-inserida. Assim, uma de nós se pôs a dançar com elas na segunda temporada.

O espetáculo abriu longa (des)orientação sobre a potência do encontro entre mulheres que dançam para fazer vazar corpos demasiadamente marcados como corpos de mulheres e, como tais, corpos necessariamente femininos e heterossexuais, corpos sexuados, generificados e sexualizados. Uma dança em que não podia se precisar uma técnica, pois por mais trabalhados que os corpos fossem, era algo além da forma dos movimentos que eletrizava a plateia, entre espanto, choro e riso, já inteiramente parte da cena, como em *O espectador emancipado*, de Jacques Rancière (2010).

Ao espectador dessa dança, a técnica foi o mínimo que apareceu enquanto os corpos dançaram. Um sem nome emergiu, vibrou, conectou, penetrou, insurgiu da técnica que também compõe, marca e inscreve o corpo que dança. Resumir um dançar a uma boa execução técnica é como resumir a vida à recompensa do leite ralo que produz um dócil ou docilizado sorriso amarelo das mulheres que bem executam "sua" normativa de viver, como visto em uma das cenas do espetáculo. A dança entendida como potência de vida diz de um movimento como produção de desvios e resistência. Por resistência, pode ser dito "não como uma simples recusa a processos de normalização, mas como um fazer diferente, como invenção de atos que rompam com as rotas já estabelecidas" (NASCIMENTO & TEDESCO, 2009, p. 8). Assim, os movimentos que reproduzem repetidamente todo um processo de disciplina feminilizante de constituição corporal saltam, reinventando, exagerando e escancarando a tragicidade sádica dessas estratégias de poder, apontando para uma direção de que não é a boa técnica aqui o mais importante, mas os efeitos, a dança como dispositivo, a produção de efeitos dançarinos em nós, dançarinas, plateia, eu, você, em devir-mulher.

> O feminismo também tem isso: ele não coloca só o problema do reconhecimento dos direitos da mulher em tal ou qual contexto profissional ou doméstico. Ele é portador de um devir feminino que diz respeito não só a todos os homens e às crianças, mas, no fundo, a todas as engrenagens da sociedade. [...] Eu o qualifico de devir feminino por se tratar de uma economia do desejo que tende a colocar em questão um certo tipo de finalidade da produção das relações sociais, um certo tipo de demarcação,

> que faz com que se possa falar de um mundo dominado pela subjetividade masculina, no qual as relações são justamente marcadas pela proibição desse devir (GUATTARI & ROLNIK, 2000, p. 73).

Daquelas questões, já nossas que foram dançadas, surge o corpo já nem das pesquisadoras, nem das dançarinas, mas coletivo, que teme, chora, ri, esbraveja, é violado, viola, violentado, enviesado; oprimido por machismo, conservas, cultura, costume, dogma, hábito, por uma governanta, tutora, pai, mãe, marido, homem da esquina ao lado, Estado. Corpo atravessado transgeracionalmente por nós e amarrações infindas, atingidos na carne por práticas, inclusive discursivas, que proferem uma forma prescrita a um corpo que deve ser feito como de mulher. Mas, ei, nós resistimos e insistimos aqui. E dançamos aqueles nós amarrotados sem piores intenções, tendo a força dos encontros como engrenagem inesperada que engata nessa própria liga, linhas de (des)subjetivação, linhas de resistência, transmutando a forma mulher.

É a resistência que torna o de mais violento que um corpo classificado como 'de mulher' possa ter passado, já não só um, mas todos, em uma cruel[21] alegria e movimento: "posso dar alegria ao esgoto (palavra aceita tudo)" (BARROS, 2016, p. 39). Devir-mulher: resistência na alegria é se pôr a sentir juntas, seguir em protagonismo coletivo. É a resistência o movimento das palavras utópicas, sem lugar, que se tornam brincantes conceitos, já nem nossos nem de ninguém, que se tornam escrevinhança encarniçada, fedendo à vida. Resistência aos funcionamentos humanos, humanismos que agenciam a maior de todas as utopias, a saber, a da negação do corpo (FOUCAULT, 2013).

Enfim, do assistir ao espetáculo, ainda durando em nós, marcamos uma roda de conversa com as dançarinas que ali narraram o que podem corpos de mulheres que fazem da dança um território de habitação

21. "Em todo querer-conhecer já existe uma nota de crueldade" (NIETZSCHE, ABM 229 *apud* ONFRAY, 2014). Onfray, baseando-se em Nietzsche, diferencia a crueldade ativa da reativa, sendo a primeira ligada à saúde, e a segunda, à debilidade. Aponta ainda o cruel como colocar a nu, decompor.

coletiva, uma morada ético-político-afetiva a desterritorializar uma dada fôrma, emprenhando-a e fazendo-a estilhaçar. A dança, nesse caso, não se configurava como uma estratégia meramente catártica, "descolando" um afeto ruim da crença supostamente equivocada sobre o que é ser mulher, correlata a uma declaração de guerra a uma forma masculina. Muito menos a criação de um estandarte de luta para conscientização social das dores femininas.

Entramos em contato com a diretora do espetáculo e fizemos o encontro na casa dela. Então, de uma ideia de um grupo focal como procedimento metodológico, com quatorze perguntas norteadoras preparadas previamente, tivemos quatro horas de uma roda de conversa que se conduziu a partir do seguinte disparador, apenas: "Nome, idade, raça/cor, período da faculdade, ocupação, naturalidade, e o que mais acharem importante". Ali (des)aprendemos a nos descolar também de procedimentos metodológicos almejados. O foco em temáticas que nos pareciam relevantes não ocorreu, as palavras deram cria. Assim, apareceram questões ligadas a violências conjugais, relacionamentos abusivos, gordofobia, racismo, etarismo, relações/convenções familiares, machismo, religiosidade, sexualidade, profissão, questões financeiras, relação com a dança, com o corpo e com a marcação de gênero feminino, numa descrição espontânea que se traduziu em um território coletivo de análise sobre como fazer o espetáculo *Vaca Profana* as transformou. Um espetáculo cujos movimentos criados em dança partiram de experiências corporais em laboratórios conduzidos pela diretora do grupo que as levava a acessar as dores e opressões vividas, como marcadas pelo signo mulher.

O material dessa roda de conversa que se estendeu por 89 páginas transcritas foi tomado como principal recurso para análise e construção da escrita. Foi a partir dele que fizemos as primeiras escritas das cenas, pois traziam, além da nossa percepção como espectadoras, as narrativas que atravessavam cada cena, com uma maior precisão de detalhes sobre os elementos das experiências de vida de cada uma delas em torno dos sofrimentos vivenciados. Mas, o que pareceu importar, principalmente, foi a multiplicação de sentidos germinados, farejando nas margens do mundo cor de rosa, uma afirmação de mulheres em que se fazem bicho, vacas, articulando um devir-mulher a um devir-monstro. Devir-vaca, dobrando o insulto "vaca" em força de afirmação, profana. Narrar um corpo de mulher que devém bicho, transmuta-se, esgarça as fronteiras do humano.

Nossos corpos dançarinos artistavam desaprendizagens de gênero e sexualidade, liberando a força viva do presente, desamarrando-nos dos constrangimentos históricos. Ensaiar habitar o tempo-espaço do devir-minoritário como modo de resistência nos foi fundamental para tentar recusar análises em que a ideia de minoria volta-se também contra a força de movimento dos feminismos ao formatar, segregar, blindar modos de ser mulher, que, assim, são facilmente classificáveis e governáveis. As políticas de governo alimentam-se de causas identitárias, modulando-as, a fim de racionalizar, mensurar e administrar "coisas de mulher", enfraquecendo, inclusive, a possibilidade de aliança entre elas e de movência, hibridação errante de cada uma delas: minorias sujeitadas.

Mas, resistência é criação que faz multiplicar o sentido das palavras: "as mulheres tornam-se minoria não sujeitada a um princípio majoritário quando se engajam na multiplicidade de devires-mulher e deixam de se reduzir, mesmo revoltadas ao 'segundo sexo', à 'segunda raça', à 'segunda classe'" (LAZZARATO, 2004, p. 150). Escrevemos essas linhas nos debatendo no 'interior' de nossa própria armadura identitária: temos esse direito? Mulheres brancas, universitárias, de classe média. Eu? E será que esse debatimento deve ser formulado em termos de direito? Por que o ordenamento jurídico legal masculinizado deve estar presente na medição das nossas questões? No seio da montagem do próprio espetáculo, parecíamos nos debater em meio a dois processos de subjetivação diferentes e em disputa:

> ...uma subjetivação majoritária que remete a um modelo de poder estabelecido, histórico, ou estrutural, e uma subjetivação minoritária que não cessa de transbordar, por excesso ou por falta, o limiar representativo do padrão majoritário. [...] o "para todos" [para todas as mulheres] se diz de duas maneiras diferentes, conforme remete à democracia majoritária ou à democracia do devir. No primeiro caso, o "para todos" determina ou a integração das minorias ou a sua exclusão (igualmente no que diz respeito

> à cidadania, à norma televisiva, à norma sexual, à norma salarial etc.). No segundo caso, o "para todos" não significa nem integração, nem exclusão, pois todo mundo se torna minoritário, potencialmente minoritário, na medida em que não há mais modelo algum reconhecido como majoritário. [...] a transformação, o devir, a mutação se faz instalando-se 'entre' esses dois níveis, [...] traçando uma linha que impede o molar de se encerrar em modelos majoritários e fazendo o molecular a fonte de processos de criação e de subjetivação" (LAZZARATO, 2004, p. 149-150).

"Vaca profana põe seus cornos para fora e acima da manada"[22]. Debandada. A condição de existência dessa manada é insurgir do rebanho de mulheres. Rebanho por oposição à força da manada. Como quando Foucault (1978/2008) elabora a noção de poder pastoral, seu alvo e efeitos correlatos: a conduta e a obediência integral, respectivamente. Nesse e em outros trabalhos (1979/2008b, 1976/2005) ele distingue níveis de análise para compreensão de uma nova racionalidade estatal que viabiliza algo como o governo das pessoas, a saber, a população, objeto de gestão, e o povo, essa dimensão permanentemente ingovernável.

O poder pastoral atualiza tecnologias de governo das condutas do cristianismo tardio que traz para a gestão estatal um funcionamento de condução de rebanho, que não abre mão de uma estratégia disciplinar, mas também sobreposto por uma força centrípeta do controle, de onde nada (nenhum gesto), nem ninguém deve escapar. Uma vaca ou ovelha (negra) assimila-se, administra-se, reconduz-se a um padrão de rebanho (embranquecido). O escape faz alusão a outros mundos extrarrebanho, evidencia que eles são possíveis. A fuga, a dissidência ou a contraconduta (esses dois últimos termos usados por Foucault, 1978/2008) precisam assumir uma dimensão coletiva de contágio, como num "estouro" da manada.

Nessa composição, foram-fomos expressando o quanto a vida de cada uma estava presente no espetáculo, mais do que isso, o quanto desejavam

22. Trecho da canção Vaca Profana composta por Caetano Veloso e interpretada por Gal Costa no álbum "Profana", em 1984, que faz parte do texto-manifesto entoado pelas dançarinas ao final do espetáculo.

uma vida outra, fazer uma vida, montar um corpo, coletivo em suas multiplicidades. E foi nessa dança que buscou mais expressar um processo de imersão e transmutação do que representar alguma coisa visando a atingir um objetivo, levantar alguma bandeira de luta ou exprimir algum sentido específico, que as dançarinas se depararam com um inesperado. Elas se surpreenderam com os retornos que tiveram do público, com os efeitos que ressoavam a cada apresentação, apontando para uma força, do espetáculo. Assim, dez meses depois da primeira temporada planejada como única, começaram a se articular para uma nova temporada.

Nesse percurso cheio de bifurcações, nos aproximamos do foco que se evidenciou por meio do "voo" da pesquisa, o "pouso da atenção" (KASTRUP, 2007), a pausa no movimento a fim de acompanhar a *performance* de corpos de mulheres em ensaios de se tornarem alguma coisa outra, cartografando regiões mesmo que ainda por vir (DELEUZE & GUATTARI, 1995) delas, dessa escrita, nossas, transformando histórias de dor e imobilização, "*ele me chamava de vaca*", "*ele espancava minha mãe*", "*eu tinha que casar*"[23], em dança e em novas formas de existir compondo uma narrativa de si coletiva posta em movimento corporal, inclusive num movimento de escrita que também dança: danças de si.

Da carne à palavra

> *De pouco adianta a voracidade que nos faz querer tudo, dizer tudo, ver tudo, saber tudo, sem que o "ver" e o "dizer" sejam sentidos, criem sentidos, componham um corpo-sentido de dizibilidades e visibilidades. (...) Muita agitação impede a processualidade das misturas, a criação de sentidos para o que foi visto ou para o que será dito.* (Leila Domingues; **À flor da pele**)

Narrar com o corpo, em escrita, diálogo e dança, inaugurando lugares até então inexistentes. Uma narrativa que não só se reporta ao que já foi,

23. Falas presentes na roda de conversa.

numa repetição do mesmo, mas que atualiza um presente, permitindo a criação de outras existências, nesse caso, de humanas mulheres no rebanho a mulheres vacas em manada, debandada. Acompanhar por meio das narrativas a *performance* e transmutação de mulheres em danças de si, por meio do que já precisava ser retirado daquilo reconhecido como seu. Seu modo de vida, sua identidade, seu dito, seu verbo, sua carne, sua palavra, seu silenciamento postos em movimento, fazendo da mutabilidade, a consistência do viver.

Mas ainda insiste e paira uma questão a qual arriscamos nos aproximar. Por que dentre tantos caminhos, foi pela dança que pretendemos construir território de (des)habitação das formas estigmatizadas em corpos ditos de mulher? Temos falado a todo tempo de uma dança que transita entre a sua literalidade, no movimento corporal, e a figura de linguagem, a dança da vida. E por que nos apropriamos de tal palavra para falar de vida, de produção de subjetividade, de processos de subjetivação?

Em tempos de empuxo ao ato, em que devemos performar, em que se demanda dizer o que se sente, o que se pensa, justificar os atos, condutas, comportamentos, explicando por meio de recursos metodológicos, que afunilem as possibilidades de existência, a serem controladas, replicadas e difundidas em larga escala, designar o que se vive no corpo em dança, parece alargar o campo do (im)possível. Entre corpo e música, corpo e corpo, corpo e história, corpo e silêncio; corpo e espaço, corpo e tempo, corpo a corpo, momento, instante, surge uma intimidade com o inesperado, com a emergência do que se tinha em potência, e ainda não se sentia. Outrar a *performance*.

> A *performance* não é a repetição mecânica, ela implica num agenciamento com fluxos, aprendizagem sempre envolve devires paralelos. A aprendizagem exige destreza no trato com o devir. Aprender é, antes de tudo, ser capaz de problematizar, ser sensível às variações materiais que têm lugar em nossa cognição presente. (KASTRUP, 2007, p. 175)

Aprender, como diria um velho professor amigo, é ultrapassar a orientação automática do comportamento, dada pela programação reflexa do organismo ou pelo treino das disciplinas ou ainda pela construção simbólica de um corpo capturado por *performances* de gênero instituídas que nos fazem simplesmente repetir, em outras palavras, é poder variar. Dançar, dispor o corpo solto e entregue ao movimento, ao fluxo, mesmo dentro de um padrão estabelecido em uma composição coreográfica, é ampliar-se para além do contorno que o delimita, em multiplicidades que "se definem pelo fora: pela linha abstrata, linha de fuga ou de desterritorialização segundo a qual elas mudam de natureza ao se conectarem às outras" (DELEUZE, 1990/2010, p. 25). E nessa mu-dança de natureza, caminhar na linha tênue e bamba que conduz da repetição exaustiva e mecanizada ao molejo despretensioso, bem ali no meio da técnica que se abre à invenção de um corpo que cansou de repetir: criação, feitura de um corpo outro, diante do abismo da experiência.

Dançar é abrir o corpo para experimentação, e é desse modo que apostamos na vida. E se não for para nela apostar aqui, que sejam descartadas todas as linhas e mais linhas de produção acadêmica. É apostando na vida e na experimentação da criação, que se expandiu um corpo de pesquisadora dançante a se configurar em rede coletiva com os outros corpos de mulheres que apareceram. Elas que dançam suas próprias histórias, transvalorando-as (PAULON, 2006). Elas que profanam a sacralidade que as oprimiu em um corpo dito de mulher de maneira a retirar toda sua força e potência de vida, disciplinadas e dóceis, ou em versões empreendedoras, a seguir o padrão estabelecido como norma para uma diferenciação sobrecodificada. Elas que despertam desejos pela mobilização daquilo que enrijecia. Elas, povoadas por diferenças, por silêncios que ousam fazer rumor, tendo em vista cada trajetória singular de suas existências, ousam dançar-expressar, tornar públicas e coletivas suas dores íntimas, intimidadas. Elas, Vacas Profanas, que pela carne trêmula, fizeram vibrar a palavra mulher. Profanar a sacrossanta linguagem, torná-la ambígua, espaço paradoxal:

> A ambiguidade, que aqui está em jogo, não se deve apenas a um equívoco, mas é, por assim dizer, constitutiva da operação profanatória (ou daquela, inversa, da consagração). Enquanto se referem a um mesmo objeto que deve

> passar do profano ao sagrado e do sagrado ao profano, tais operações devem prestar contas, cada vez, a algo parecido com um resíduo de profanidade em toda coisa consagrada e a uma sobra de sacralidade presente em todo objeto profanado. (AGAMBEN, 2007, p. 61)

Insurgir, utilizando-nos da mesma categoria que nos apequena, mulher, tateando fiar outra história de mulheres, procurando fios outros que não o da moral e dos bons costumes. Pomo-nos a pensar na constituição de um corpo, seja ele esse corpo-pesquisa, o corpo-pesquisadoras e o corpo-campo de imersão, a partir de uma variação de experiências e registros. Que não seja fluxo puro, força sem forma, desterritorialização sem reterritorialização, e sim, um ciclo constante de vazamento na experiência, abertura e recolhimento. Dessa forma, nos propomos a narrar o espetáculo *Vaca Profana* dando corpo aos afetos que pedem passagem, agora parafraseando Suely Rolnik (1989, p. 23), devoramos as linguagens que nos pareceram elementos possíveis para a composição das coreografias que se fizeram necessárias.

Já não podemos mais dizer que escrevemos sobre nem com o Vaca, mas escrevemos entre nós, e por nós, devindo vacas. E esse "nós" expande-se para todas as mulheres que passam por algum tipo de violência pelo fato de terem se constituído como mulheres e/ou que a experiência do próprio processo de constituição, por si só, configura-se como violenta. Porque nos parece difícil dissociar a tessitura de um corpo feminino sem constrangimentos (forma repressiva do poder) e incitações (forma positiva) que o tornam, incessantemente, referenciado e secundário à constituição de um corpo masculino. Uma espécie de complementaridade perversa que assenta o primeiro no terreno da falta. O enfretamento dessa lógica requer a constituição de um plano coletivo, um nós que se expande para todo corpo amansado, arrebanhado, organizado como humano. "É a construção de um pertencimento que já não significa designar ou ser designado por uma identidade, mas muito pelo contrário, engajar-se num devir [...] capaz daquilo de que não seríamos capazes de outro modo" (LAZZARATO, 2004, p. 147). É o que mais alimenta nosso desejo de dançar, de escrever.

Alguns passos dessa contradança

A seguir, para que continuemos a dançar a vida, alguns passos que ousamos sugerir, advindos dessa dança-escrita em carne viva:

1) Dançar no "tempo presente, em que o tempo é o devir que faz a diferença na história" (KASTRUP, 2008, p. 95). Para dançar, é preciso estar presente no instante, concentrada, imersa em cada compasso, cultivando uma atenção ao presente, para que essa presença inunde um espaço-tempo no qual já não se sabe mais o que me fez assim[24], desfazendo-se de qualquer compromisso com um referencial passado:

> ...a atenção ao presente não se justifica por aquilo que nosso presente possui de específico, de datado, mas sim por seu estatuto de campo movente. De saída, o presente nos interessa, nos força a pensar, não pelo ineditismo das formas de subjetividade que aí se configuram, mas porque ele nos coloca em contato com o movimento de transformação das formas constituídas (KASTRUP, 2008, p. 94).

2) Estamos falando de uma dança que se faz campo de pensamento, quando pensar é colocar-se contra a história; e de uma aprendizagem inventiva da dança. Dançar-pensar, fazer-pensar, uma dança que se faz pensamento. O pensar "é sempre experimentar – não interpretar, mas experimentar – e a experimentação é sempre o atual, o nascente, o novo, o que está em vias de se fazer" (DELEUZE, 1990/2010, p. 132). "A aprendizagem não é então adaptação a um ambiente dado nem obtenção de um saber, mas experimentação, invenção de si e do mundo" (KASTRUP, 2008, p. 95). Nessa direção, Virgínia Kastrup (2008), inspirando-se em Varela, assinala que o artista é o protótipo do aprendiz, maquinando o conceito de aprendizagem inventiva. Elogio nietzscheano

24. Parafraseando um trecho da música que dá nome a este texto: "Silêncio por favor/Enquanto esqueço um pouco a dor/Do peito/Não diga nada sobre meus defeitos/Eu não me lembro mais/Quem me deixou assim", composta por Paulinho da Viola.

ao pé e ao corpo; pensar com os pés, pensar com o corpo. Na dança, isso significa pensar de outro modo, um pensamento encarnado no próprio movimento agenciado ao espaço, chão, paredes, marcação do tempo, sons, música, respiração, distância entre os outros corpos, entrada de um, saída de outro, contratempo, movimentos e seus intervalos. "O domínio cognitivo não é um domínio da representação, mas um domínio experiencial" (KASTRUP, 2008, p. 101).

3) A técnica, a boa forma, se hiperfocados, tendem a atrapalhar o fluir do movimento; do mesmo modo precisa-se cultivar um desfocar-se. A fragilidade do hiperfoco pode não resistir a um ruído estranho, por outro lado, uma espécie de distração concentrada pode ser potente quando se está lançado na fruição do cotidiano. "Nada de resultados, nada de números quando se dá um encontro" (GROS, 2010, p. 9-10); "um corpo não cessa de ser submetido aos encontros, com a luz, o oxigênio, os alimentos, os sons e as palavras cortantes – um corpo é primeiramente encontro com outros corpos" (PELBART, 2003, p. 46). Para dançar, é preciso cultivar um pensar incorporado, num exercício de desindividualizar-se; deixar o conflito que viveu, as opiniões, as coisas que tem para fazer, o passado e o futuro. A cognição é ação, é prática, então não se trata de pensar sobre o que está fazendo, mas de um pensar fazendo, ou de um fazer pensando, fazer-pensar, pensar-se fazendo, fazendo-se.

4) Dançar-escrever. Fazer da escrita um território de experimentação, uma dança multiplicadora de sentidos, afirmadora da vida em expansão. Mas, a pesquisa tem que ser feita e algo disso tem que ir para o papel, ou melhor, para a tela em suspensão. A questão se segue, ainda a essa altura: como fazer dançar as palavras? Como dançar as palavras? Como dançar com as palavras. Dançar-escrever, presente no instante, não é disciplinar o corpo para fazer algo de modo a abandonar-se do seu corpo, deixá-lo agir automaticamente, mexer os membros a esmo, apaticamente. Mas dizer a cada segundo, a cada movimento, estou aqui. Ação com propósito feita por meio de uma técnica e de uma repetição que facilitam a condução do próprio corpo a mostrar-se em sua singularidade, afirmando sua presença no tempo e no espaço, afirmando a vida. Nessa presença como afirmação de si há sempre uma novidade, e as mil fases da feitura desse texto, assim

como as fotografias do espetáculo mostram isso. Nossa feição sempre está um pouco diferente, nosso olhar, os ângulos do nosso corpo, os ângulos de análise. Todas as mulheres que dançam o espetáculo deixam suas marcas no jeito de cada uma fazer um papel e a cada vez que se dança, uma expressão nova é feita. É essa singularidade que mostra o que há de dança e o que há de vida na repetição de uma coreografia.

A noção de repetição e disciplina podem ser redefinidas, pois como coloca Kastrup (2001), há uma disciplina envolvida na aprendizagem, que está relacionada mais a um constrangimento provocado pelo novo; pela experimentação; pelo deslocamento do território que já habitamos. Requer, portanto, um exercício que implica uma desatenção ao caráter utilitário da vida prática. Aprender, portanto, é habitar o campo da invenção, como modo de diferenciação. Para ela, a aprendizagem inventiva é sempre resultado de tensão entre as formas existentes e historicamente constituídas.

É essa inventividade que tateamos manter viva na escrita e na dança. Ela dá abertura às múltiplas conexões com o público, espectador do espetáculo ou leitor do texto, que percebe, sente e dá um entendimento para o espetáculo e para a escritura de diferentes modos. Assim, dança-se um sem fim, e se procuramos um fim é ele mesmo movimento e seus efeitos, que produzem finalidades criadas a partir de cada um que se faz multiplicidade ao assistir ao espetáculo e/ou ler esse texto. É que, ao dançar-escrever, "não se está indo ao encontro de si próprio, como se a questão fosse se reencontrar. [...] A liberdade, [dançando], é não ser ninguém" (GROS, 2010, p. 14).

5) Encontrar uma liberdade criadora. Uma liberdade fabuladora de mundos. Eu, você, tantos mundos possíveis (LAZZARATO, 2004). Uma liberdade que "deixa avistar-se um sonho: [dançar-escrever-dançar] como expressão de recusa de uma civilização podre, poluída, alienante, desprezível" (GROS, 2010, p. 22). Dançar um pensamento que respira, que brota de um movimento, de um impulso e escrevinhar um texto que também respira, eis um grande desafio: o de tatear uma "escrevidança". Escrever, dançando; dançar, escrevendo, desde que "a escritura limite-se a ser a pausa ligeira" (Ibid., p. 18).

Diante do desafio de fazer novamente uma pausa, eis que, de maneira inesperada, encontramos um outro fio. Voltamos a escrever fiando-nos nele, o qual pôde conduzir todas essas experiências ao nosso problema de pesquisa: o fio da clínica. O fio de uma clínica que ousa desamarrar-se do fio da moralidade. Ao partirmos da pesquisa da dança, chegamos na especificidade do corpo apequenado como de mulher. Olhando para toda essa história inventada, percebemos a dança como campo de transmutação, a partir de narrativas de sujeição dos corpos a um corpo de mulher, que tinha de ser assim para existir. Tinha? Encontramos o fio da moral que compõe o corpo de mulher, amalgamado a práticas de violência que o negam e aniquilam ao mesmo tempo em que o constituem. Passamos ao problema de nos constituirmos identificadas ao signo mulher, naturalizando a generificação de nossos corpos e, mesmo em revolta, ainda buscando por fundamentos. Disso, passamos para um debatimento conosco mesmas, tateando encontrar um fio outro que não o dessa moral generificada.

Eis que o fio de uma clínica do desvio em ato, uma clínica menor, clínica do devir, dançante foi ganhando terreno, solo fértil para outros passos da dança, arriscando o desfazer de nossas cascas, armaduras identitárias. Ali, articulando resistência e criação, dançando o desvio dessa sina arrebanhada, encontramos o movimento de afirmação da vida, na criação de outros modos de subjetivação fiados pelas (mesmas) palavras mulher e feminino. Por meio desses passos que foram ensaiados e se compuseram ao longo da pesquisa, aproximamos uma certa perspectiva de clínica à dança, que incorpora a afirmação nietzscheana do corpo como grande razão (NIETZSCHE, 1883/2011).

> Eu acho que uma grande sacada disso, de você pensar nesse lugar da arte, é que você não cura, você não sara, não é um machucado, não é um negócio que você 'curou'. Não, você aprende a lidar. Você vai aprendendo a lidar, de tanto sentir. [...] É você transformar um sentimento, tanto que uma coisa que te incomodava hoje te torna, é uma alegria. Não é mais uma coisa que te angustia, é algo que te faz feliz. O mesmo sentimento. Como é potente isso de você pegar algo que te incomoda e fazer alguma coisa produtiva com isso. Vou transformar em arte, vou transformar em outra coisa, vou

> botar em outro lugar. Eu pensava que ia ser assim, quando eu fizesse isso, ia zerar, ia tirar de mim, mas não é isso. A coisa continua em mim, só que ela se transformou. (Fragmento da roda de conversa)

Aqui, colocamos como passo firme, o corpo e a dança como campos ético-clínico-políticos de experimentação para pensar-girar as vidas de mulheres, entendendo-as como constituídas por dois modos de subjetivação (majoritário e minoritário, nos termos já definidos anteriormente), ensaiando um liberar-se de estratificações, de modelos, mensurações, medidas que definam o ser mulher.

6) A razão paradoxal do corpo. Na tentativa de adensar a assertiva nietzscheana do corpo como a grande razão, a aproximamos dos estudos de José Gil sobre o corpo que dança, entendendo-o como um corpo paradoxal, de modo a visualizar como as práticas discursivas e não discursivas constituem o corpo de mulher, mas ao mesmo tempo, outras práticas se produzem pelo corpo para além da consciência inteligível, transmutando a forma mulher, por meio da dança, na vida. Da articulação entre esses dois autores, seguimos uma aposta numa clínica, política da experimentação, que como nos diz Lazzarato (2004), é uma política aberta à esfera do acontecimento, residindo na espreita de devires que não se perdem nas urgências dos engajamentos adversariais. Isso nos parece um convite para pensar uma clínica-política menos reativa e mais inventiva-afirmativa.

Friedrich Nietzsche (1844-1900) desenvolve o seu trabalho a partir de uma crítica da moral presente na modernidade, que tem seus fundamentos na metafísica, dentre os filósofos gregos, partindo de Sócrates, culminando no cristianismo. "Como metafísica, a filosofia se institui a partir da negação e desvalorização do sensível, do corpo, da materialidade, do movimento, do transitório, do devir" (GIACÓIA, 2001 p. 48). Diante disso, ele coloca em questão os universais, a essência do uno expressa na noção dialética de bem e de mal, alma e corpo, razão e sensorialidade, mundo inteligível e mundo sensível, ideal e ilusão, ser e múltiplo. Esses universais são expressos na filosofia a partir de Sócrates, com Platão, chegando à filosofia moderna com René Descartes, estruturando o pensamento científico moderno.

Na construção de sua crítica, Nietzsche reporta-se à tragédia da mitologia grega, como a alegria da pluralidade de sentidos, afirmação da vida. Para tal, encontra em Dionísio o grande deus afirmador, aquele que não nega nenhuma dimensão da vida, tampouco a dor e o sofrimento, tendo a vida como justificativa do sofrimento. "É tarefa de Dionísio tornar-nos leves, ensinar-nos a dançar, dar-nos o instinto de jogo" (DELEUZE, 1962/1976, p. 15). É nessa figura dionisíaca que se encontra o devir, afirmado por Heráclito, o pensador trágico, segundo Nietzsche. Em Heráclito, o devir possui em si mesmo sua própria lei, qual seja a afirmação da multiplicidade de sentidos da existência, diante da criação de novos modos de pensar a vida, novos valores, transvalorando-os, transmutando-os, produzindo uma ética e uma estética da própria existência (Ibid.).

De que maneira, então, suprime-se a afirmação da vida? Nietzsche aponta como força reativa, que se opõe à vida, o conhecimento que se dá por meio da racionalidade, da consciência, que encerra o sujeito numa unidade subjetiva. Nietzsche apresenta-se como primeiro psicólogo, pretendendo a destruição do primado da consciência da psicologia, contribuindo com uma compreensão ampliada do corpo e da racionalidade para experimentação de saberes outros, valores outros.

> Esse é o retrato do homem moderno, para Nietzsche, a quem o descomunal desenvolvimento da consciência e da faculdade de conhecimento implicou a teratológica atrofia de todos os outros órgãos vitais; em quem o escrupuloso refinamento da consciência moral resulta numa intensificação patológica do sentimento de culpa, que hipnotiza o psiquismo e esteriliza o agir (GIACÓIA, 2001, p. 89).

Com Nietzsche, aprendemos que a consciência se desenvolve não como natureza humana, núcleo perene da subjetividade, mas a partir de uma necessidade de comunicação. Somente a parte consciente ocorre em palavras, em signos de comunicação. Só o que pode ser articulado linguisticamente, tornado comum, comunicável, aparece à consciência, ao que pode ser identificável, suprimindo as diferenças, não expressando o singular e único. Assim, a sociedade, a linguagem e a consciência não são fatos naturais, mas sujeitos a transformações, devires, vir-a-ser da história, ligados à moral. O primado da consciência passa a ser reconhecido, não mais através da substância "Eu", mas como efeito de relações de domínio e obediência entre forças (GIACÓIA, 2001).

Diante dessa discussão, Nietzsche articula o devir, a afirmação da vida, inventando novas possibilidades de existência, da invenção do trabalho do artista, pois é por meio do corpo que se produz conhecimento. A consciência torna-se mais um dos meios de conhecimento do corpo, e não a primeira e mais verdadeira[25]. "Há mais razão em teu corpo do que em tua melhor sabedoria. E quem sabe por que teu corpo necessita justamente de tua melhor sabedoria?" (NIETZSCHE, 1883/2011, p. 35). O que mais se deseja é criar para além de si mesmo. E não é esse o exercício e a ousadia da arte?

> Eu entrei no GDP [Grupo de Dança e Performance] assim que começou. E eu digo que antes do GDP eu era a folha levada ao vento e agora eu sou o vento. (Fragmento da roda de conversa)

José Gil, em seu livro Movimento Total (2004) faz reflexões que nos ajudam a compreender a premissa de Nietzsche do corpo como a grande razão, articulando-a com nosso tema de pesquisa, a dança. O autor analisa os efeitos de um corpo que dança, entendendo a dança como um campo de saber do corpo que o coloca em processo de criação[26]. De si, do espaço, dos outros corpos envolvidos, bailarinos ou espectadores. Retomemos: por meio desse autor, fazendo uma relação com os conceitos nietzscheanos trabalhados, que fazemos uma leitura dos efeitos do espetáculo *Vaca Profana* em sua dimensão clínica.

Apontamos, pois, para um movimento de ampliação da clínica, fazendo-a variar de si e de sua história de emergência: reforçar uma natureza humana, produzir subjetividades privatizadas, individualizadas, corrigir desvios naturalizando medidas inventadas para o humano. Em

25. Ao ponto dos sentidos do corpo serem considerados enganosos e portanto desprezíveis, como na tradição filosófica.
26. Coadunando da direção cartográfica e de uma política do devir: transformar para conhecer.

outras palavras, desejamos abrir mão da clínica pensada como suporte de valores, ensaiando passos clínicos que transvalorem a vida para que se torne afirmativa, colocando em questão a vida da mulher, de um ser mulher atrelado a uma moral que a torna muito provavelmente reativa. Ensaiamos um devir-mulher da própria clínica, clínica que se faz pelo corpo e, por acaso, prescinde da figura de um psicólogo, ou de um *setting* terapêutico, um consultório, mas que é um acompanhamento do brotar de processos de subjetivação, de efeitos-subjetividade, uma cartografia de processos de subjetivação em curso. Ousamos afirmar um efeito-clínico do Vaca: uma clínica se fez por meio do acaso, da disponibilidade dos corpos que se encontraram e produziram desvios em suas próprias histórias. Aquele acaso a quem Nietzsche chama de devir, a partir do qual se afirma uma vontade.

Essa leitura nietzscheana, de acordo com Revel (2005), que vai impulsionar Michel Foucault a adotar, desde o começo dos anos 70, o termo "genealogia" que também inspira nosso percurso. Trata-se, de acordo com ela, de reencontrar a descontinuidade e o acontecimento, a singularidade e os acasos, fazendo proliferar narrativas e desfazendo as tentativas de reduzir a diversidade histórica. Nos nossos passos, um acaso que se fez por meio da arte. Uma clínica que se fez na dança. Uma dança que se fez clínica. Mas, o que se passa na dança, no corpo que dança, abrindo um campo de produção de desvios? Na experiência da dança, a bailarina.

> Sai deliberadamente da postura [da mulher][27] comum para se colocar desde o início na dificuldade: desequilibra-se, procura as situações instáveis que reproduzem esse movimento da evolução da criança entre o engatinhar e o estar de pé. Repete a situação infantil, mas agora, a partir do equilíbrio aprendido; e é isso que muda tudo. Notemos que este pequeno deslocamento marca o nascimento da arte ou, pelo menos, da sua possibilidade. [...] Este ponto crítico é um ponto de caos – múltiplas forças podem nascer

27. A expressão no texto original é "do homem" em um sentido genérico; no masculino, referindo-se à humanidade.

> dele. Procurando desestabilizar a atitude natural, o bailarino quer criar as condições que lhe permitirão tratar o corpo como um material artístico (GIL, 2004, p. 22).

Nessa arte que se faz pelo corpo, fazendo dele mesmo material artístico, a dançarina explora a expansão e os limites do corpo, experimentando suas mais diversas dimensões, tornando presente aqui o que até então pareceria condição impossível de se compreender um corpo, até acontecer. A experiência artística no que tem de provocar instabilidade, produzindo outra estabilidade, escancara o corpo e a vida como não natural, ou como de natureza transmutável, já que multiplica possibilidades de existir, criando outras formas, por meio da sua força de permanecer na mudança. Por meio do *Vaca Profana*, da dança que coloca em questão o ser mulher, podemos ver, em suas cenas iniciais, um modelo de ser mulher reforçado por uma moral. "[...] [M]oral, isto é, as formas e hábitos de avaliação presentes nos usos e costumes, nas regras praxeológicas e nas formas de conduta, orientadas e legitimadas por valores e crenças socialmente partilhados" (GIACÓIA, 2001, p. 41).

O prolongamento das cenas pelas quais essa mulher passa, por meio da dança, nos mostra que existem muitas "naturezas" que escapolem de dentro daquele formato valorado. "O movimento dançado compreende o infinito em todos os seus momentos" (GIL, 2004, p. 15). Mas como uma dança pode ter como efeito fazer uma outra coisa de si? Gil apresenta a discussão de Rudolf von Laban (1879-1958), bailarino húngaro, coreógrafo, considerado o maior teórico da dança do século XX.

> Von Laban faz entrar em jogo uma noção central na sua teoria do movimento: o esforço. Define-o como "impulso interior na origem de todo o movimento", dançado ou não dançado. Quando se trata da dança, o esforço contém "qualidades" – tais como o peso, o tempo, o espaço e o fluxo -, que variam em quantidade e em intensidade, de tal modo que traçando o quadro de suas combinações possíveis, se obtêm os diversos tipos de movimentos dançados. São "configurações" ou "combinações" do esforço que dão, de fato, a forma do movimento (GIL, 2004, p. 15).

Isso faz recordar a ideia de Moreno da aproximação entre espontaneidade e esforço (NAFFAH NETO, 1997); faz recordar como ao longo dos ensaios do *Vaca Profana*, prolongando-se por três temporadas, pudemos observar que, à medida que a coreografia era aprendida, os movimentos que não nos eram habituais, se tornavam leves, fluidos, dançados e não reproduzidos, e iam ganhando uma singularidade, uma diferenciação sutil, em cada corpo, uma espécie de feição única e contingencial. Nessa repetição, nos levamos a dançar. Dança essa que vem de uma percepção corporal, de uma consciência que se produz pelo corpo, a partir de uma abertura às sensibilidades, em um agenciamento com a música, com cada parte do corpo e ele todo, com os outros corpos, o chão, as paredes, o figurino, criando uma intimidade com os movimentos desse corpo. Intimidade essa que não marca um íntimo, interior, mas uma aproximação tamanha com o próprio corpo emergente de todos esses agenciamentos de modo que se produz dança pensante, mas sem uma atitude reflexiva, dança pensante criativa, sagaz, mergulhada no instante.

Como efeito do esforço, o movimento espontâneo se faz da conversão do peso em energia, da maneira que o peso real, em relação com a gravidade, se torna um peso virtual, um peso outro capaz de deslizar no chão como cobra, dançar como água, saltar como pássaro, pesar como urso. Uma transmutação trágica do peso, que outrora associamos a uma reatividade, articula-se agora à leveza, atividade que acontece no próprio corpo.

> Um corpo que se abre e se fecha, que se conecta sem cessar com outros corpos e outros elementos, um corpo que pode ser desertado, esvaziado, roubado da sua alma e pode ser atravessado pelos fluxos mais exuberantes da vida. Um corpo humano porque devir animal, devir mineral, vegetal, devir atmosfera, buraco, oceano, devir puro movimento. Em suma, um *corpo paradoxal* (GIL, 2004, p. 56).

Profana mulher, vaca, bicho, monstro, gestos, passos, corpo impossível, paradoxal. "A história de uma coisa é geralmente a sucessão das forças que dela se apoderam e a coexistência das forças que lutam para delas se apoderar. Um mesmo objeto, um mesmo fenômeno muda de sentido de acordo com a força que se apropria dela" (DELEUZE, 1962/1976, p. 3). Mulheres que, em agenciamento, experimentam aberturas, descarregam-se e livram-se do que vivem, criando "valores novos que façam a vida leve ou afirmativa" (DELEUZE, 1963/1997, p. 115).

No declive do traçado, atingir uma contemplação esperada, uma vibração dos ensaios, dos passos, que se repete no corpo dançante. O acorde das presenças do chão, dos pés, da respiração, dos corpos dos outros e do corpo que se faz outro, uma retomada indefinida de uma "Natureza rebelde" (GROS, 2010) que brota de um movimento, de um impulso, de um corpo que dança. "Transformar em círculo a vibração das presenças" (GROS, 2010, p. 32). Nessas danças de si, o "ilocalizável", como nos diz Rolnik (2014), como possibilidade de aguçamento de sensibilidades na habitação de espaço-tempo outros, emergiu de situações e modos de vida que deixaram de fazer sentido, de territórios existenciais que caducaram, tornando-se inabitáveis, pondo em relevo a trava, o enrijecimento, a imobilização, o adoecimento do corpo. Um processo de decomposição que faz de um resto de vida opaco, exposto às larvas, vida nova, de outra natureza, matéria orgânica em criação de si, danças de si.

Referências

AGAMBEN, G. **Profanações**. Trad. Selvino José Assmann. São Paulo: Boitempo, 2007.

BARROS, M. **Livro sobre o nada**. Rio de Janeiro: Alfaguara, 2016.

DA VIOLA, P. **Para ver as meninas**. Álbum Paulinho da Viola – Disco 1. Produção Milton Miranda. Rio de Janeiro: Odeon, 1971.

DELEUZE, G. (1962) **Nietzsche e a filosofia**. Rio de Janeiro: Editora Rio, 1976.

______. (1963) O Mistério de Ariadne segundo Nietzsche. In: DELEUZE, G. **Crítica e clínica**. Trad. Peter Pál Pelbart. São Paulo: Editora 34, 1997.

______. (1968) **Diferença e repetição**. Rio de Janeiro: Graal, 1988.

______. (1990) **Conversações**. Trad. Peter Pál Pelbart. São Paulo: Editora 34, 2010.

DELEUZE, G. & GUATTARI, F. **Mil platôs: capitalismo e esquizofrenia**, v. 1. Rio de Janeiro: Editora 34, 1995.

DOMINGUES, L. **À flor da pele: subjetividade, clínica e cinema no contemporâneo**. Porto Alegre: Editora Sulina/Editora da UFRGS, 2010.

ESCÓSSIA, L. **O coletivo como plano de coengendramento do indivíduo e da sociedade**. São Cristóvão/SE: Editora UFS, 2014.

ESCÓSSIA, L; KASTRUP, V & PASSOS, E. **Pistas do método da cartografia**. Porto Alegre: Editora Sulina, 2010.

FOUCAULT, M. (1976) **Em defesa da sociedade: curso no *Collège de France* (1975-1976)**. São Paulo: Martins Fontes, 2005.

_____. (1978) Segurança, território e população: curso no ***Collège de France* (1977-1988)**. São Paulo: Martins Fontes, 2008.

_____. (1979) Nietzsche, a genealogia e a história. In: **Microfísica do poder**. Rio de Janeiro: Graal, 2008a.

_____. (1979) Governamentalidade. In: **Microfísica do poder**. Rio de Janeiro: Graal, 2008b.

_____. **O corpo utópico, as heterotopias**. Trad. Salma Tannus Muchail. São Paulo: Editora n-1, 2013.

GIACÓIA, O. **Nietzsche como psicólogo**. Vale do Rio dos Sinos/RS: Editora Unisinos, 2001.

GIL, J. **Movimento total**. São Paulo: Editora Iluminuras, 2004.

GROS, F. **Caminhar, uma filosofia**. São Paulo: Editora É realizações, 2010.

GUATTARI, F. & ROLNIK, S. **Micropolítica: cartografias do desejo**. Petrópolis/RJ: Editora Vozes, 2000.

HARAWAY, D. O humano numa paisagem pós-humanista. **Revista Estudos Feministas**, Florianópolis, v. 1, n. 2, p. 277-292, 1993. Disponível em: <https://periodicos.ufsc.br/index.php/ref/article/view/16064/14593>. Acesso em: 4 set. 2020.

_____. Saberes Localizados: a questão da ciência para o feminismo e o privilégio da perspectiva parcial. **Cadernos Pagu**, Campinas/SP, v. 5, p. 7-41, 1995. Disponível em: <https://periodicos.sbu.unicamp.br/ojs/index.php/cadpagu/article/view/1773/1828>. Acesso em: 4 set. 2020.

_____. Manifesto ciborgue: ciência, tecnologia e feminismo-socialista no final do século XX. In: SILVA, T. T. (Org.) **Antropologia do ciborgue: as vertigens do pós-humano**. Belo Horizonte: Autêntica, 2000.

KATRUP, V. Aprendizagem, arte e invenção. **Psicologia em estudo**, Maringá, v. 6, n. 1, p. 17-27, jan./jun. 2001. Disponível em: <https://www.scielo.br/pdf/pe/v6n1/v6n1a03.pdf>. Acesso em: 4 set. 2020.

______. O funcionamento da atenção no trabalho do cartógrafo. **Psicologia & Sociedade**, Rio de Janeiro, v. 19, n. 1, p. 15-22, jan./abr. 2007. Disponível em: <https://www.scielo.br/pdf/psoc/v19n1/a03v19n1.pdf>. Acesso em: 4 set. 2020.

______. A cognição contemporânea e a aprendizagem inventiva. In: KASTRUP, V.; PASSOS, E. & TEDESCO, S. (Orgs.) **Políticas da cognição**. Porto Alegre: Editora Sulina, 2008.

KASTRUP, V. & PASSOS, E. Pista da validação. Sobre a validação da pesquisa cartográfica: acesso à experiência, consistência e produção de efeitos. In: PASSOS, E.; KASTRUP, V. & TEDESCO, S. (Orgs) **Pistas do método da cartografia: a experiência da pesquisa e o plano comum**. Porto Alegre: Editora Sulina, 2014.

KASTRUP, V; PASSOS, E & TEDESCO, S. Introdução. In: **Políticas da cognição**. Porto Alegre: Editora Sulina, 2008.

LARROSA, J. **Tremores**. Belo Horizonte: Editora Autêntica, 2017.

LAZZARATO, M. Política da multiplicidade. In: LINS, D. & PELBART, P. (Orgs.) **Nietzsche e os bárbaros, civilizados**. São Paulo: Editora Annablume, 2004.

LOURO, G. L. **Um corpo estranho: ensaios sobre sexualidade e teoria *queer***. Belo Horizonte: Autêntica Editora, 2004.

NAFFAH NETO, A. **Psicodrama: descolonizando o imaginário**. São Paulo: Editora Plexus, 1997.

NASCIMENTO. M. L. & TEDESCO, S. Conectando clínica e política. In: TEDESCO, S. & NASCIMENTO, L. (Org.) **Ética e subjetividade: novos impasses no contemporâneo**. Porto Alegre: Editora Sulina, 2009.

NIETZSCHE, F. (1883) **Assim falava Zaratustra: um livro para todos e para ninguém**. Trad. Paulo César de Souza. São Paulo: Companhia das Letras, 2011.

ONFRAY, M. **A sabedoria trágica: sobre o bom uso de Nietzsche**. Belo Horizonte: Autêntica, 2014.

PAULON, S. M. A desinstitucionalização como transvaloração. Apontamentos para uma terapêutica ao niilismo. **Athenea Digital**, Porto Alegre, n. 10, p. 121-136, otoño 2006. Disponível em: <https://atheneadigital.net/article/view/n10-mainieri/296-pdf-pt>. Acesso em: 4 set. 2020.

PELBART, P. P. **Vida capital: ensaios de biopolítica**. São Paulo: Iluminuras, 2003.

POLAYNE, P. **Sapato novo**. Álbum O Circo Singular – As Canções de Exílio. Produção Junior Areia. Recife: Estúdio Fábrica, 2009.

PRIGOGINE, I. **Ciência, razão e paixão**. Belém: EDUEPA, 2001.

RAGO, M. Escritas de si, parresia e feminismos. In: CASTELO BRANCO, G. & VEIGA-NETO, A. **Foucault: filosofia e política**. Belo Horizonte: Autêntica, 2011.

RANCIÈRE, J. **O espectador emancipado**. Trad. José Miranda Justo. Lisboa: Editora Orfeu Negro, 2010.

REVEL, J. **Michel Foucault: conceitos essenciais**. São Carlos/SP: Editora Claraluz, 2005.

ROLNIK, S. **Cartografia sentimental: transformações contemporâneas do desejo**. São Paulo: Editora Estação Liberdade, 1989.

_____. **Cartografia sentimental: transformações contemporâneas do desejo**. Porto Alegre: Editora Sulina; Editora da UFRGS, 2014.

_____. **A hora da micropolítica**. São Paulo: Editora n-1, 2016.

VELOSO, C. **Vaca profana**. Álbum Profana - Interpretação: Gal Costa. Produção Mariozinho Rocha. Rio de Janeiro: RCA (Sony Music), 1984.

CARTOGRAFIAS DA VIOLÊNCIA CONTRA MULHERES MARISQUEIRAS DO NORDESTE DO BRASIL

Lucy Romero e Mercedes Pérez

Introdução

Desde tempos ancestrais, as mulheres afrodescendentes que vivem no litoral do Nordeste brasileiro, região que hoje inclui os estados de Alagoas, Bahia, Ceará, Maranhão, Paraíba, Piauí, Pernambuco, Rio Grande do Norte e Sergipe, dedicam-se à coleta de todos os tipos de mariscos, o que lhes permite o sustento próprio e familiar. Essas mulheres, que fazem parte dos chamados *povos da água* (DANTAS, 2018), desenvolvem sua atividade em territórios compostos por terra, água e manguezais; estuários quentes e chuvosos, onde o "*mar virou rio*", como elas afirmam. A maioria das mulheres são negras, descendentes da escravidão africana, que ocorreu entre 1502 e 1860. Durante três séculos, mais de 9.500.000 escravos foram introduzidos na América, incluindo o Brasil[28], em uma atividade comercial muito lucrativa, que foi sucessivamente liderada por Portugal, Holanda e França (QUEIRÓS MATTOSO, 2016). Como efeito deste processo, muitos descendentes fazem agora parte da população racializada, pobre e excluída do Brasil e de nossa América.

As marisqueiras quilombolas formam um grupo étnico com identidade cultural própria que o distingue de outras comunidades rurais do

28. O regime escravagista perdurou no Brasil de 1502 até 1888, segundo consenso histórico. Já o tráfico negreiro vigorou entre 1502 e 1866, segundo dados da Fundação Getulio Vargas (FGV). Disponível em: <https://atlas.fgv.br/marcos/trabalho-e-escravidao/mapas/trafico-negreiro-1502-1866>. Acesso em: 9 set. 2020. [Nota dos Organizadores]

Nordeste brasileiro, manifestando costumes, tradições, características culturais e modos de organização econômica e política (LARREA KILLINGER & RUIZ-PEINADO, 2004). Eles fazem parte dos povos e comunidades tradicionais do Brasil são povos que possuem práticas sociais, econômicas e culturais diferenciadas, produzindo territórios específicos da vida. Esta categoria não implica um essencialismo, mas uma maneira diferente de fazer / viver (SOLÁ PÉREZ, 2017).

A coleta de mariscos ou *mariscagem* é uma prática tradicional, e faz parte da categoria de pesca artesanal no Nordeste brasileiro; é praticada principalmente por mulheres (ARANHA, 2013), que aprendem o ofício com suas mães e avós, desenvolvendo-o nos manguezais – ecossistemas de fauna e flora específicas, que se estendem ao longo dos litorais do oceano Atlântico e do Caribe – próximos de suas casas e comunidades.

Os manguezais proporcionam uma série de benefícios, tanto ecológicos quanto produtivos, às populações que os habitam. Apesar de sua importância para a vida de seus habitantes, os "(...) os ecossistemas de manguezais têm testemunhado um ataque acelerado da exploração de seus recursos, na maioria das vezes, sem o cuidado necessário para mantê[-los] (...) em sua integridade, o que ameaça seu uso sustentável" (YÁÑEZ-ARANCIBIA e LARA-DOMÍNGUEZ, 1999, p. 12). Isso deriva de uma forte exploração e mercantilização da natureza, resultante do avanço do agronegócio, promovido pelo capitalismo neoliberal que modifica a estrutura dos territórios (LISBOA SANTOS, RAMOS FILHO & SOUZA SANTOS, 2019) em detrimento, nesse caso, das mulheres marisqueiras e suas comunidades, que produzem e reproduzem seus modos de vida e cultura nesse ecossistema.

A investida extrativista provém de uma longa história de depredação, que conta com pouco mais de cinco séculos em nossa América. Iniciada com a invasão dos colonizadores, ela continuou até os dias atuais. Esse fato tem sido permanentemente combatido e denunciado pelos povos nativos e comunidades tradicionais dessa parte do mundo. Eles puseram em discussão a própria epistemologia do pensamento ocidental moderno, sua lógica extrativista e acumulativa, assim como os efeitos de um modelo econômico exportado da Europa para o nosso litoral, que produziu em suas comunidades – primeiro escravizadas e posteriormente reduzidas – um empobrecimento constante. Atualmente, o capitalismo – constituinte do padrão do poder colonial (QUIJANO, 2000) – em sua fase financeira, hegemoniza a agenda econômica global, impactando ferozmente seus modos de vida e a natureza, uma parte fundamental de seus territórios de vida.

No caso do Nordeste brasileiro, as atividades econômicas que oferecem possibilidades para a reprodução do capital financeiro são: a carcinicultura ou a criação de camarões exóticos; a indústria imobiliária de complexos turísticos, resorts de luxo e bairros privados de classe alta; e os megaprojetos hidrelétricos, termoelétricos e da indústria petroquímica – todos implementados diretamente nos territórios onde os povos e comunidades tradicionais reproduzem suas vidas, e nos manguezais, onde as mulheres marisqueiras realizam suas atividades de coleta de mariscos.

É justamente em meio a essa disputa sobre territórios e seus bens naturais onde se reproduz a estrutura de violência que afeta as mulheres em seus corpos-territórios, e que tem sido denunciada por muitas organizações de mulheres indígenas, como efeito cotidiano de um sistema-mundo global que articula a exploração de territórios com exclusões estruturais de raça, gênero e classe, reproduzindo formas relacionais particularmente discriminatórias, patriarcais e misóginas, que elas vivenciam em suas microrrealidades e que denunciam constantemente como violações de seus direitos.

Partindo dessa perspectiva, este artigo procura contribuir com algumas premissas que possibilitem esboçar uma cartografia social das violências que afetam as mulheres que fazem parte do Movimento de Mulheres Marisqueiras de Sergipe (MMS), entendida tal cartografia como a visibilização das tramas territoriais que estão em jogo para os atores sociais dos territórios, e que as transformam em espaços de disputa material e simbólica (ACSELRAD, 2010), levantando coordenadas e balizas que permitam observar aquilo que os constitui no que são (CASTRO-GÓMEZ, 2011). Pela mesma razão, pretende-se mostrar também o que observamos durante nossa estada nesta região, principalmente algumas das estratégias ou formas de resistência à violência de que as marisqueiras se valem, entendidas como “as condições de possibilidade de outras formas do político – não limitadas ou totalmente coerentes com os cânones liberais contemporâneos – [que] fundam suas raízes em múltiplas e plurais redes comunitárias de reprodução da vida" (GUTIERREZ AGUILAR, 2017, p. 22).

Breve panorama das violências que afetam as mulheres: algumas características

A violência contra as mulheres tem sido tradicionalmente conceitualizada como "qualquer ato ou intenção que resulte em dano ou sofrimento físico, sexual ou psicológico às mulheres" (BLANCO, RUIZ-JARABO, GARCÍA DE VINUESA & MARTÍN-GARCÍA, 2004, p. 182); inclui ameaças, coerção ou privação arbitrária de liberdade, seja na vida pública ou privada. Na maioria das vezes é exercida pelo companheiro (CASTAÑEDA, 2007; SAGOT, 2000). Está amplamente documentado que esse tipo específico de violência causa danos à saúde física e emocional das pessoas (VIOLENCIA, 2017). Os danos físicos variam desde lesões corporais de gravidade variável até a morte, um crime que foi classificado como feminicídio nas diversas legislações da América Latina. O dano emocional à saúde mental das mulheres inclui depressão, distúrbios psicossomáticos e estresse pós-traumático, entre muitas outras enfermidades, que algumas vezes levam a tentativas ou consumações de suicídio por parte das pessoas afetadas.

Também produz, além disso, relações conjugais coercivas, em que são naturalizados comportamentos que tendem a ser sistematicamente estabelecidos: a) o controle sobre a movimentação das mulheres, o que inclui restringir seu acesso à informação, participar de atividades como estudo ou trabalho, controle econômico; refere-se também ao isolamento da família ou amigos e outras relações sociais; b) o sexo não consensual ou forçado; c) o abuso psicológico, que compreende a desvalorização, intimidação, desprezo e humilhação em público ou privado; d) os atos físicos de agressão: empurrões, beliscões, bofetadas, socos, chutes, espancamentos, entre outros (BLANCO et al., 2004, p. 182).

É um tipo de violência que parece ser invisível, uma vez que geralmente ocorre no espaço doméstico e a portas fechadas, gerando sentimentos de solidão e vergonha nas vítimas, que escondem suas emoções e até o próprio fato de suas famílias e da comunidade (KETTERER ROMERO, MAYORGA MUÑOZ, CARRASCO HENRÍQUEZ, SOTO HIGUERAS, TRAGOLAF ANCALAF, NITRIHUAL & DEL VALLE, 2017). No entanto, afirmamos que isto acontece porque essa violência é amplamente naturalizada, dada "A visão patriarcal androcêntrica [que] confirma e legitima continuamente as próprias práticas que ela determina, fazendo com que homens e mulheres incorporem o preconceito desfavorável ao feminino. Assim, o domínio masculino tem as condições favoráveis para seu pleno exercício, uma vez que está incorporado a toda a estrutura social" (FRANZOI, FONSECA & NUNES GUEDES, 2011, p. 5).

A violência contra a mulher é também um problema de direitos humanos, reconhecido internacionalmente pelas convenções e conferências mundiais, que influenciaram para sua inserção no debate público dos Estados nacionais. Tudo isso é o resultado das demandas dos movimentos de mulheres e feminismos da América Latina, que apontaram, com grande força, que esse é um problema político, uma espécie de guerra de extermínio sistemático que se pratica na intimidade das relações da vida doméstica, onde na maioria das vezes o agressor está – ou esteve – afetivamente relacionado com a vítima, embora esta não seja a única forma de expressão desse fenômeno na sociedade atual.

Neste sentido, Segato (2016) sustenta que, neste momento do avanço do capitalismo neoliberal, esse tipo particular de violência tem como objetivo simbólico, associado ao dano físico, o extermínio daqueles que ousam desobedecer aos mandatos regulatórios da cultura capitalista patriarcal, de modo que a heteronormatividade dicotômica na qual se baseia a família, a divisão sexual do trabalho e, em última instância, a sociedade que conhecemos, não seja alterada.

O objetivo final do estupro e do feminicídio seria gerar medo nas mulheres, para que aquelas que pretendam desobedecer às normas estabelecidas pela sociedade tenham medo e não persistam em seu desejo de se rebelar contra a ordem cultural patriarcal (SEGATO, 2003). Outras autoras denunciam que esse tipo particular de violência se articula com outras violências de tipo estrutural, como a pobreza, discriminação étnica ou racial, e também a etária ou sexual, estabelecendo uma estrutura social onde estão as mulheres pobres, idosas, lésbicas ou bissexuais, negras ou indígenas, etc., sistematicamente subordinadas e excluídas, gerando um contingente de corpos humanos com os quais ninguém se importa (SUBCOMANDANTE MARCOS, 2014; ESPINOSA MIÑOSO, 2009).

Um aspecto menos analisado, embora muito presente nas denúncias dos povos e comunidades tradicionais, é a violência institucional contra mulheres e crianças dessas populações perpetrada por agentes do Estado, especialmente a polícia, quando realizam batidas em comunidades em busca de lideranças criminalizadas por participarem de movimentos sociais de reivindicações territoriais; ou quando protegem os interesses dos empresários capitalistas. A isso se somam as práticas de postergar os processos judiciais realizados pelos órgãos de justiça, que parecem não considerar as denúncias daqueles que lideram as populações e comunidades tradicionais, retardando a aplicação da justiça quando ela é necessária; práticas que são uma extensão dos poderes conservadores do Estado, aliados ao capital e estabelecidos nos territórios para a defesa das grandes corporações, e não das pessoas (RAMOS FILHO, KETTERER ROMERO & PORTO-GONÇALVES, 2018).

Ainda menos evidentes são as violências simbólicas e materiais reproduzidas por algumas equipes profissionais de programas de desenvolvimento do Estado ou agentes operadores de políticas sociais quando, em suas ações profissionais, implementam ações sem um senso crítico que procure transformar ou modificar realidades injustas, ou quando suas ações não estão situadas nos contextos sociopolíticos e culturais onde são realizadas. Assim, pessoas de povos e comunidades tradicionais costumam se calar diante de agentes de saúde ou de educação que reproduzem a lógica colonial, ocidental, moderna e patriarcal dentro de seus territórios, em uma espécie de colonialismo interno; como demonstra um estudo realizado dentro de um programa de saúde no Brasil, quando sustenta que, apesar dos avanços feitos pelo Estado em termos de transversalização da perspectiva de gênero em suas instâncias, coexistem entre os agentes profissionais

"(...) visões conservadoras, reafirmando estereótipos que estão de acordo com o senso comum, revelados, por exemplo, na concepção do homem provedor (racional, forte, que deve comandar), mulher reprodutora (emocional, frágil, que deve obedecer), que nada mais são do que o reforço de papéis socialmente estabelecidos" (FRANZOI et al., 2011, p. 8)[29].

A violência estrutural, típica da fase financeira do modelo capitalista hegemônico, exibe uma malignidade incontornável que se expressa tanto na extração ilimitada da natureza – entendida como um recurso – quanto nos corpos dos sujeitos explorados, num desejo de acumulação ilimitada que beneficia apenas uma parte escassa da população do planeta. Essa violência é reproduzida no corpo das mulheres – e no dos "outros gêneros" (LGTBI) – através de crimes naturalizados como delitos pelo patriarcado, mas que, além disso, "(...) expressam formas contemporâneas do poder, o arbítrio sobre a vida dos proprietários, bem como uma *conquistualidade* violadora e expropriadora permanente" (SEGATO, 2016, p. 22).

O empobrecimento, a subordinação e a racialização, elementos que cotidianamente entrelaçam a vida de homens e mulheres dos povos e comunidades tradicionais de nossa América, incluindo a das marisqueiras nordestinas, articulam vários tipos de violências. Tais violências assumem a forma de processos "violentogênicos", em que os homens, particularmente aqueles socializados nos códigos da masculinidade hegemônica, tendem a reproduzir o quadro patriarcal herdado da colônia e perpetuado pelas instituições governamentais e sociais dos Estados nacionais, expressando-se no único lugar onde a matriz de gênero colonial lhes permite exibir sua "(...) capacidade de controle inerente à posição do sujeito masculino no único mundo agora possível" (SEGATO, 2014, p. 81), a unidade doméstica ou a casa, o espaço onde, com base na violência contra a mulher, o sujeito masculino pode restaurar sua virilidade, minada pelo padrão do poder colonial, que o subordina a outros homens, os donos do poder político e econômico.

29. O programa estudado foi o Programa Saúde da Família (PSF) do município de Araraquara (SP), e o objetivo do estudo foi "conhecer e analisar, sob a perspectiva de gênero, as concepções que os profissionais das equipes de saúde da família daquele município têm em relação a: mulheres, homens e violência de gênero" (FRANZOI et al., 2011, p. 1).

Os processos *violentogênicos*, como aponta Segato (2014, p. 81), "(...) é[são] válido[s] para todo o universo da masculinidade racializada, expulsa por conta da condição de não branco pelo ordenamento da colonialidade" , e longe de justificar os perpetradores, fornece argumentos que permitem a compreensão desse fenômeno social particular, para além da categoria de violência de gênero do feminismo liberal, que se baseia no binarismo, tende a situar a violência contra as mulheres como parte do sistema hegemônico, não reconhecendo outras formas de vida, nas quais – como argumentam mulheres e homens indígenas – existem memórias e práticas de outros sistemas relacionais que, embora hierarquizados, seriam ontologicamente igualitários, situando as mulheres em lugares de maior poder e prestígio, diferentes daqueles que a cultura colonial, ocidental, moderna, patriarcal e capitalista oferece às mulheres (SEGATO, 2014).

Metodologia

Metodologicamente, os dados estatísticos apresentados no artigo foram coletados das Estatísticas de Gênero: Indicadores Sociais da Mulher no Brasil (IBGE, 2018). Os relatos das marisqueiras foram reunidos através da aplicação de diferentes técnicas de coleta de dados qualitativos complementares entre si, como mapeamentos participativos dos territórios; observação constante, sistemática e participativa pela equipe de pesquisa; sistematização e análise dos diálogos em grupo, realizados em encontros territoriais e oficinas que fazem parte do Projeto de Pesquisa e Extensão com as Comunidades Costeiras de Abrangidas pelo Programa de Educação Ambiental com Comunidades Costeiras (PEAC), um projeto de extensão e pesquisa do Departamento de Geografia da Universidade Federal de Sergipe (UFS), que nos hospedou durante nossa estada de pós-doutorado[30]. O objetivo desse programa é realizar ações educativas, com

30. Somos especialmente gratas ao Dr. Eraldo da Silva Ramos Filho, pela oportunidade de participar desta extraordinária experiência, e à Dra. Michele de Freitas Faria de Vasconcelos, por nos receber em sua maravilhosa equipe de trabalho. Agradecemos também a Mariana Nigro por sua dedicação à revisão do texto.

fundamento político, com as comunidades, estimulando a organização e a afirmação da identidade das marisqueiras.

Dessa forma, juntamente com o MMS e a equipe do projeto PEAC, mapeamos uma realidade social poucas vezes evidente, configurando os elementos centrais da violência contra as mulheres e territórios, além de registrar algumas das estratégias sociopolíticas que permitem às mulheres marisqueiras resistir a esses ataques; como afirmamos que se os projetos de educação ambiental têm o objetivo de mitigar a vulnerabilidade dessas comunidades diante de projetos de desenvolvimento e para a defesa de seus modos de vida, não é possível evitar situações de violência contra as mulheres e seus territórios, porém é preciso colocá-las no debate tanto acadêmico como político, tornando possível uma academia comprometida com os processos sociopolíticos atualmente em curso na América Latina.

Tornar essa realidade conhecida, muitas vezes invisibilizada pela vergonha e/ou vitimização daqueles que a vivenciam, ou por práticas patriarcais, hegemônicas e acríticas da institucionalidade estatal, que naturaliza e reproduz violências materiais e simbólicas que violam os direitos dos sujeitos e territórios, é um imperativo político para a equipe de pesquisadores do PEAC, que apoia a possibilidade de colaborar com a geração de condições sociopolíticas que contribuam para o protagonismo dos atores sociais comunitários, para e na desnaturalização das violações de seus direitos.

De dados e relatos: as vozes das mulheres marisqueiras do PEAC

Diversos estudos indicam que a violência contra as mulheres no Brasil se configura como uma situação aterradora. Isso está detalhado nos vários mapas de violência[31] que coletam e sistematizam dados sobre

31. Para mais informações: http://www.mapadaviolencia.org.br/mapa2015_mulheres.php.

denúncias feitas em instituições estatais, para registrar e buscar soluções para um problema que possivelmente ainda não teve mensurada sua real magnitude, seja porque 30% dos municípios brasileiros não fornecem dados oficiais ao Sistema de Informação de Agravos de Notificação dos centros de saúde, SINAN (MARRA, 2017); ou porque os dados estão dispersos em diversos sistemas de dados diferentes, que não dialogam entre si; ou porque aqueles que devem registrar eventos de violência nos sistemas de dados são muitas vezes guiados por seus próprios preconceitos patriarcais, desmerecendo certos fatos e fazendo um registro insuficiente, que limita a qualidade dos dados (CAMPOS & ALMEIDA, 2017).

O roteiro que propomos apresenta um corte parcial dos indicadores sociais das mulheres elaborados pelo Estado, mas que sustentam a rede de violência expressa pelas marisqueiras, a partir de suas próprias vozes e que, para nossa análise, permitem evidenciar experiências cotidianas de mulheres e homens das comunidades onde o PEAC tem cobertura.

Trabalhos domésticos e de cuidados: o lugar designado às mulheres na sociedade patriarcal

O espaço doméstico é o lugar designado às mulheres na sociedade patriarcal. É nesse espaço onde são realizadas as atividades de reprodução e cuidado da família, sendo a unidade doméstica o território das mulheres. É também o lugar "da naturalização da feminilidade, à qual são atribuídas tarefas, modos de ser, comportamentos, tudo imposto como algo "natural" para a mulher" (FEDERICI, 2018, p. 12) . Tal designação torna-se evidente quando se observa o número médio de horas por semana dedicadas aos cuidados e ao trabalho doméstico por sexo no Brasil, particularmente no Nordeste. Como mostrado na Tabela 1, a distribuição desigual do trabalho doméstico e de cuidado afeta mais as mulheres, destacando a média de 19 horas semanais que as mulheres nordestinas gastam nesses labores.

Tabela 1 – Média de horas semanais dedicadas a tarefas domésticas e ao cuidado de pessoas, por sexo

Ítem	Horas semanais	Homens	Mulheres
Média no Brasil	14,1	10,5	18,1
Média pessoas brancas	13,9	10,4	17,7
Média pessoas negras	14,3	10,6	18,6
Média Nordeste do Brasil[32]	14,6	10,5	19

Fonte: IBGE, 2018

As mulheres marisqueiras denominam as tarefas domésticas e de cuidado de pessoas como "próprias", responsabilizando-se por sua realização oportuna e adequada, assumindo-as como um dever raramente questionado. Eles indicam que antes de sair para recolher mariscos, ou participar de reuniões comunitárias ou encontros comunitários no âmbito do PEAC, elas devem deixar tais tarefas prontas, para que tudo funcione em suas respectivas casas, principalmente quando não contam com a ajuda de outra mulher que as assuma, como filhas ou mães. Quando têm ajuda, demonstram mais alívio e tranquilidade para participar de outras atividades, como reuniões, treinamentos ou em atividades mais lúdicas, como visitas a amigas, já que a casa permanecerá organizada.

As tarefas "próprias" muitas vezes integram trabalhos como limpar a casa, cozinhar, cuidar de crianças, pessoas doentes ou idosas, cuidar de animais domésticos, como galinhas, porcos ou outras criações menores. A essas tarefas soma-se a coleta de mariscos, geralmente nos manguezais próximos de suas casas.

32. Não há dados sobre diferenças raciais neste indicador.

Além disso, exercem outras atividades com as quais procuram aumentar o orçamento doméstico. Muitas afirmam que, quando chega a época, catam mangabas, que recolhem e vendem para obter dinheiro; também cozinham comidas típicas do Nordeste brasileiro, como a moqueca de peixe ou o acarajé, que vendem aos visitantes e turistas nas praias ou feiras de artesanato. Elas saem para pescar com redes, em barcos, sozinhas ou com seus parceiros. Fazem e vendem artesanato usando as conchas dos mariscos, tecendo fibras vegetais, e algumas trabalham prestando serviços domésticos em casas de veraneio, ou cuidando dessas casas durante o inverno.

Aquelas que são líderes também participam de várias reuniões comunitárias e/ou atividades em suas organizações sociais que lhes permitem, segundo afirmam, conhecer as leis, aprender com as experiências de outras mulheres, fortalecer-se identitariamente como marisqueiras e exigir melhorias para si e suas famílias. Outras, as que têm alguma crença religiosa, dedicam um tempo semanal às atividades que sua religião requer.

A participação em reuniões ou atividades fora de casa ou da comunidade requer um tempo extra que raramente é contabilizado, incluindo deslocamentos para outras comunidades ou cidades próximas. Por essa razão, as participantes da comunidade afirmam que as tarefas domésticas geralmente são feitas muito cedo pela manhã, a fim de liberar o tempo necessário para a atividade sem gerar problemas devido ao não cumprimento das "obrigações" domésticas.

Violências nos corpos das mulheres: "Nem tanto pelas marcas que deixa no nosso corpo, mas sim o que está na mente"

O Brasil é o quinto país, entre oitenta e seis, onde ocorrem mais feminicídios a cada ano (WAISELFISZ, 2015). No Estado de Sergipe tem havido um aumento progressivo deste tipo de crime de ódio contra as mulheres desde 2011, como mostra a Tabela 2.

Tabela 2 – Número de mulheres assassinadas no Brasil e no estado de Sergipe entre 2006 e 2016

	2006	2007	2008	2009	2010	2011	2012	2013	2014	2015	2016
Brasil	4030	3778	4029	4265	4477	4522	4729	4769	4836	4621	4645
Sergipe	40	34	30	36	43	70	62	56	74	70	70

Fonte: IBGE, 2018

Houve também um aumento no número de denúncias de violência feitas por mulheres sergipanas às instituições estatais criadas para isso. A diretora do Departamento de Atenção a Grupos Vulneráveis (DAGV) do estado aponta que existem cerca de 2.600 casos, número que aumentou após a criação da Lei Maria da Penha. “Antes de 2010 eram cerca de 500 casos, isso não quer dizer que a violência aumentou, mas agora as mulheres se sentem mais encorajadas a denunciar” (SERGIPE, 2017).

Para muitas mulheres marisqueiras, a violência doméstica por parte de seus parceiros afetivos é uma realidade cotidiana, que deixa marcas no corpo e na psique de quem a vivencia, como aponta Juliene, uma marisqueira que participou de uma roda de conversa e cujo testemunho foi usado como título desta parte. Seus relatos contemplam vários tipos de agressões, e entre as mais comuns estão golpes, socos, chutes, puxões de cabelo, mas também existem as mais graves, como esfaqueamento nos rins ou pulmões, mordidas nos braços com laceração da carne, enforcamento, imobilização com cordas, confinamento e estupro. São relatos duros, que impressionam até os homens que os escutam; como Adilson, um pescador negro que, durante uma roda de conversa, apontou para uma mulher: “*E era escrava, é?!*” Esse comentário não deixa de impressionar, já que é feito por um homem negro do Nordeste brasileiro, um território onde a escravidão teve uma ampla expressão histórica (QUEIRÓS MATTOSO, 2017) e onde a racialização, um efeito da colonialidade, é reproduzida cotidianamente.

Da mesma forma, as marisqueiras relatam violência psicológica, insultos e agressões verbais ouvidas diariamente de seus parceiros, às quais conferem um significado maior do que às agressões físicas: “(...) ele sentar, te chamar de cachorra, safada, vagabunda, que você não presta, que você não vale nada...", disse Juliene na roda de conversa. Tais palavras, ouvidas todos os dias, causam uma diminuição da autoestima das mulheres, o que, a longo prazo, torna-lhes ainda mais difícil sair da relação de violência.

Conflitos nos territórios: o outro corpo do abuso

Aqueles que vivem nas comunidades litorâneas de Sergipe – pescadores, marisqueiras, quilombolas, catadoras de mangaba, agricultores assentados pela reforma agrária, povos e comunidades tradicionais do território – vêm debatendo há bastante tempo os riscos e impactos ambientais causados por grandes investimentos em seus territórios, cujos efeitos são sentidos nas atividades produtivas diárias e nos modos de vida. Afetadas pelo avanço do modelo primário exportador, que se intensifica em seus territórios, as mulheres marisqueiras e as pessoas que vivem nas comunidades abrangidas pelo PEAC indicam que, entre os conflitos mais relevantes, estão a carcinicultura, a especulação imobiliária, a central termoelétrica, a indústria do petróleo, as monoculturas e a poluição dos manguezais, devido à expansão das cidades, a industrialização e a consequente impermeabilização do solo.

A carcinicultura – criação de camarões em cativeiro – gera uma série de transformações na lógica do trabalho, na produção, no modo de relacionamento produtivo ou de apropriação de territórios, bem como danos ambientais de alto impacto. É uma atividade produtiva industrial que se instala nos manguezais, utilizando água salgada e descartando materiais exógenos no ecossistema.

O processo produtivo é instalado nos territórios das comunidades através de cercas nas áreas onde os tanques são construídos para o cultivo de camarão exótico ou camarão do Pacífico (*Litopenaeus vannamei*), além de utilizar um pacote de agroquímicos – incluindo metabissulfito – para sua criação. Quando o metabissulfito entra em contato com o ar, ele libera dióxido de enxofre, um elemento tóxico que, quando inalado ou em contato com a pele humana, pode causar alergias ou danos irreversíveis à saúde, inclusive a morte, além dos consequentes danos ao meio ambiente (VALENÇA & MENDES, 2004). O uso desses pacotes químicos na criação de camarões requer investimentos privados significativos, bem como a liberalização das normas regulatórias do Estado, o que permite às empresas escapar facilmente das restrições ambientais; e gera uma nova divisão social do trabalho, bem como mudanças tecnológicas, muitas vezes apoiadas por universidades públicas e organizações de pesquisa (RAMALHO, 2015).

A monocultura do camarão provoca 21 tipos de impacto nos territórios, segundo Meireles e Queiroz (2010). A grande maioria está relacionada ao desmatamento, à poluição ambiental, à propagação de doenças humanas e ambientais e à exclusão dos povos e comunidades tradicionais da terra e das áreas de cultivo. A esse respeito, as marisqueiras sergipanas ressaltam, além da poluição de seus territórios, alguns acidentes de pessoas que trabalham nas áreas de carcinicultura; por exemplo, a cegueira de um jovem trabalhador da comunidade de Brejo Grande causada por um derramamento de cal após um acidente com o caminhão que a transportava. Outras relatam ter sido ameaçadas com armas por seguranças particulares, uma espécie de milícia contratada por empresários ou proprietários, que guardam as lagoas e interceptam a passagem das mulheres para o mangue, impedindo-as de coletar mariscos. O cercamento e a privatização de águas e terras são os conflitos territoriais mais violentos vivenciados pelos povos e comunidades tradicionais do estado de Sergipe, nos territórios onde reproduzem sua vida.

Outro conflito denunciado pelas marisqueiras é a especulação imobiliária, através da compra ou apropriação de terras, esperando que seu valor de mercado aumente. Esses terrenos são utilizados para o turismo, para a construção de resorts e hotéis, ou bairros privados, casas de veraneio ou de segunda residência para as classes abastadas.

A ocupação irregular do solo, seja para empreendimentos ou condomínios privados, é uma prática que o Estado pouco fiscaliza e regulamenta. As marisqueiras denunciam que essas ocupações também ocorrem nos manguezais, onde o terreno é cercado, privatizando os territórios onde reproduzem sua vida através do trabalho no manguezal, nos rios e na orla marítima.

Duas outras situações, menos sentidas pelas marisqueiras, possivelmente porque não ocorrem no litoral onde vivem, mas no interior do Estado ou na parte do semiárido, são as usinas hidrelétricas do rio São Francisco, que causaram a destruição da comunidade do Cabeço devido à erosão produzida pelo recuo do rio, já que as usinas controlam seu fluxo e, consequentemente, seu avanço em direção ao mar; e o complexo termoelétrico CELSE no porto de Sergipe, que está sendo construído na praia de Jatobá, na Barra dos Coqueiros, muito próximo à comunidade do Pontal da Barra, cuja função será produzir energia com uma potência instalada que aumentará a segurança do abastecimento energético do país, enquanto continua a expandir a instalação de projetos de energia renovável não convencional (ERNC). Esta iniciativa é o primeiro empreendimento totalmente privado no Brasil, uma área antes dominada pela empresa estatal de energia Petrobras (RUDDY, 2018). Nem todas as comunidades estimaram ainda os efeitos dessas instalações, entretanto, os povos quilombolas das comunidades do Pontal da Barra e da Mussuca já estão sofrendo os impactos da usina termoelétrica, por sua proximidade com a linha de transmissão.

A poluição de manguezais faz parte do racismo ambiental perpetrado pelas indústrias que despejam todo tipo de lixo nos mangues, sem considerar que estes são espaços naturais com grande diversidade de flora e fauna, e que também fazem parte dos territórios onde as comunidades de marisqueiras coletam seus mariscos. A expansão das cidades também exerce pressão sobre os manguezais, seja porque são utilizados pela população como lixões – descartes como televisores e até mesmo restos de escritórios, cadeiras, móveis, todo tipo de plásticos e muitos outros, foram registrados durante as visitas aos manguezais de São Cristóvão – ou por causa da industrialização que tal expansão enseja, que tem efeitos sobre a impermeabilização do solo, cujo padrão de macrodrenagem despeja as águas do sistema de esgoto urbano nos cursos dos rios.

A presença de detritos, resíduos industriais e esgoto produz infecções, doenças de pele e alergias, entre outras enfermidades, nas mulheres. Eles indicam que muitas vezes, ao coletar mariscos, sofrem cortes nos pés e/ou pernas, causados por objetos estranhos que não deveriam ser jogados nos manguezais; também denunciam que muitos mariscos e pequenos animais que povoam os manguezais estão morrendo ou migrando para outros lugares, desaparecendo dos mangues onde realizam sua tarefa de coleta, pois os produtos químicos utilizados na criação de camarões modificam a água e as raízes dos manguezais, alterando o habitat dessas espécies.

Estratégias de resistência das mulheres marisqueiras de Sergipe: o movimento como parte da vida

Diante do complexo panorama apresentado, as mulheres marisqueiras do nordeste sergipano levantam resistências para "(...) ativar práticas, maneiras de ser e de pensar que são constitutivas para cada uma, opondo-se a uma redução desumanizante, diante da qual estão se obrigando e resistindo a ser sujeitos permitidos" (CONTRERAS-SALINAS, BAMBAGUE-RUIZ & BARRERA-RUIZ, 2018, p. 2) .

A mais importante estratégia de resistência das marisqueiras de Sergipe, para se sentirem sujeitos permitidos em seus territórios, é o Movimento Social das Mulheres Marisqueiras de Sergipe (MMS), uma instância de mobilização e luta social criada em 2013 e que tem uma importante expressão local e estatal.

Através do MMS, as mulheres organizaram suas demandas no *Pacto da luta das marisqueiras do litoral sergipano*, um documento através do qual 43 mulheres, líderes de suas comunidades, acordaram em lutar por reivindicações como: respeito aos direitos das mulheres marisqueiras, acesso às políticas públicas, melhoria de suas condições de trabalho, reconhecimento e valorização de seus direitos como mulheres marisqueiras nas instituições públicas, defesa e sustentabilidade do meio ambiente e articulação com as instituições de saúde do Estado.

A politização de suas demandas através do movimento social tem efeitos positivos em sua participação comunitária, onde elas se relacionam com outras mulheres, reconhecendo-se como portadoras de uma identidade histórica, de um modo de vida próprio e fortalecendo-se como protagonistas locais de seus territórios e comunidades.

Envolver-se com outras mulheres também permite gerar outros modos de relacionamento, superando diferenças frequentemente instituídas pela matriz colonial de gênero, modos de relacionamento baseados mais na competição e no conflito individual do que em relações sociopolíticas mais propensas à mudança social, a uma certa "(...) construção de caminhos – de estar, ser, pensar, olhar, escutar, sentir e viver com um sentido ou horizonte de(s)colonial" (WALSH, 2017, p. 24), que as mulheres marisqueiras denominam como a alegria de estar juntas.

Observamos as práticas relacionais das marisqueiras sergipanas durante os encontros e as reuniões, e para além de algumas diferenças entre elas, prestamos atenção a muitas práticas de autocuidado e cuidado coletivo entre si, que se manifestam em canções, danças e formas lúdicas de se inter-relacionarem, de se entrelaçarem e construírem proximidade, relacionamentos amorosos, que lhes permitem reconhecer e aceitar suas diferenças, construindo "espaço[s] de celebração, de diversão, um espaço onde cada uma libera aquilo que lhe preocupa, liberta suas dores, os processos pessoais com os quais cada uma tem de trabalhar, e é um espaço onde todos nós nos ouvimos, cuidamos uns dos outros" (MOREIRA, RODRÍGUEZ & MALO, 2018, p. 235) , o que contradiz claramente as histórias e experiências de violência mostradas anteriormente, mas que oferecem a essas mulheres espaços dialógicos e coletivos onde elas podem reelaborar e curar, juntamente com outras mulheres que sabiamente trilharam caminhos de superação. Dessa forma, as mulheres, através do MMS, protagonizam diálogos coletivos onde compartilham e refletem experiências, aprendendo sobre formas de enfrentar, resistir e sobreviver.

Como muitas vezes as mulheres marisqueiras sergipanas nos contaram, ir ao mangue para "coletar camarões, sururus e aratus" não serve somente para procurar o alimento diário, mas é também a possibilidade de estar com outras mulheres, conversar, compartilhar experiências, problemas e soluções, é praticar a política das mulheres, que parte da própria experiência para constituir práticas coletivas de memória e cuidado dos modos de vida nos e dos territórios.

Conclusões: ao modo de um fechamento aberto

Sem disposição para concluir este artigo que, em nossa perspectiva, ainda está em construção, uma vez que o MMS continuará seu curso nos próximos anos, coletar os testemunhos de violências a partir da experiência das mulheres marisqueiras sergipanas e contrapondo-os com dados de fontes oficiais – trabalho que temos construído em outra instância[33] –, permite uma compreensão mais profunda de sua magnitude, muitas vezes naturalizadas como parte da vida das mulheres.

O exercício de mapear de forma conjunta e dialogada a violência contra as mulheres e territórios permite vislumbrar a complexa rede que elas adotam nos corpos e territórios, a atual depredação dos bens naturais e os efeitos que a neo-expansão e aprofundamento que o capitalismo financeiro está provocando nos modos de vida dos povos e comunidades tradicionais do Nordeste brasileiro, para além de suas manifestações econômicas, que são geralmente as que prevalecem nas análises e debates políticos.

O mapeamento participativo dessas violências permite que vozes raramente escutadas na academia sejam ouvidas. As palavras das mulheres marisqueiras nos possibilitaram vislumbrar as profundas dores que a ferida colonial reproduz e reelabora diariamente em seus corpos e territórios, mas também nos permite reconhecer outras práticas, sentires e pensares de mulheres, homens e comunidades que há séculos se mobilizam resistindo e recriando outras formas de se relacionar umas com as outras e com seus territórios.

Portanto, sustentamos que este exercício de mapeamento foi um ato de abertura e escuta das vozes das mulheres marisqueiras do litoral sergipano, que permitiu reconhecer outros modos de vida, compreender as razões e emoções que seus corpos sencientes em estreita relação com a natureza expressam, em sua luta diária para salvar a terra que sustenta a vida, para salvar o planeta que está sendo saqueado pelo capitalismo sem fim.

33. Para mais referências, consulte o site: http://observatoriogenerosalud.ufro.cl/.

Dar e tomar a palavra às mulheres marisqueiras para que elas possam nos contar sobre seus modos de vida, suas atividades cotidianas, suas dores, sonhos e esperanças, é uma forma de valorizar e dignificar saberes e práticas antigos, reconhecer o ofício e salvaguardar sua memória.

Referências

ACSELRAD, H. (2010) **Cartografia social e dinâmicas territoriais: marcos para o debate**. Rio de Janeiro: UFRJ, Instituto de Pesquisa e Planejamento Urbano e Regional, 2010.

ARANHA, L. A mariscagem no contexto da pesca artesanal: apontamentos sobre determinações do trabalho feminino. In: SOUZA ARAUJO, N. M. et al. (org.). **Educação Ambiental e Serviço Social. O PEAC e o Licenciamento na Gestão Pública do Meio Ambiente**. São Cristóvão: Editora UFS, 2013.

BLANCO, P., RUIZ-JARABO, C., GARCÍA DE VINUESA, L. & MARTÍN-GARCÍA, M. La violencia de pareja y la salud de las mujeres. **Gaceta Sanitaria**. Barcelona, vol. 18 no. 4, jul./ago. 2004. Disponível em: <http://scielo.isciii.es/scielo.php?script=sci_arttext&pid=S0213-91112004000400029>. Acesso em: 15 fev. 2019.

CAMPOS, M. L. & ALMEIDA, G. H. M. D. Violência contra a mulher: uma relação entre dimensões subjetivas e a produção de informação. **Revista Digital Biblioteconomia e Ciência da Informação**, Campinas, v. 15, n. 2., p. 349-367, 2017.

CASTAÑEDA, M. P. **El machismo invisible regresa**. México DF: Taurus, 2007.

CASTRO-GÓMEZ, S. **Crítica a la razón latinoamericana**. Bogotá: Editorial Pontificia Universidad Javeriana, Instituto Pensar, COLCIENCIAS, 2011.

CONTRERAS-SALINAS, S.; BAMBAGUE-RUIZ, C.; BARRERA-RUIZ, Y. Saberes que configuran trayectorias migratorias: narraciones de mujeres colombianas migrantes en Chile. **Convergencia Revista de Ciencias Sociales**, [S.l.], n. 79, p. 01-25, oct. 2018. Disponível em: <https://convergencia.uaemex.mx/article/view/9496>. Acesso em: 14 fev. 2019.

DANTAS, V. M. C. S. **Nas marés da vida. Histórias e saberes das mulheres marisqueras**. Fortaleza: Edições UFC, 2018.

ESPINOSA MIÑOSO, Y. Etnocentrismo y colonialidad en los feminismos Latinoamericanos: Complicidades y consolidación de las hegemonías feministas en el espacio transnacional. **Revista Venezolana de Estudios de la Mujer**, Caracas , v. 14, n. 33, p. 37-54, dic. 2009. Disponível em <http://ve.scielo.org/scielo.php?script=sci_arttext&pid=S1316-37012009000200003&lng=es&nrm=iso>. Acesso em: 02 set. 2020.

ESTATÍSTICAS de gênero: responsabilidade por afazeres afeta inserção das mulheres no mercado de trabalho. **Agência IBGE Notícias**, 2018. Disponível em: <https://agenciadenoticias.ibge.gov.br/agencia-noticias/2013-agencia-de-noticias/releases/20232-estatisticas-de-genero-responsabilidade-por-afazeres-afeta-insercao-das-mulheres-no-mercado-de-trabalho.html>. Acesso em: 12 nov. 2018.

FEDERICI, S. **El patriarcado del salario. Críticas feministas al marxismo**. Madrid: Traficantes de Sueños, 2018.

FRANZOI, Neusa Maria; FONSECA, Rosa Maria Godoy Serpa da; GUEDES, Rebeca Nunes. Violência de gênero: concepções de profissionais das equipes de saúde da família. **Rev. Latino-Am. Enfermagem**, Ribeirão Preto, v. 19, n. 3, p. 589-597, Jun. 2011. Disponível em <http://www.scielo.br/scielo.php?script=sci_arttext&pid=S0104-11692011000300019&lng=en&nrm=iso>. Acesso em: 15 jan. 2019.

GUTIÉRREZ AGUILAR, R. **Horizontes comunitarios populares**. Madrid: Traficante de Sueños, 2017.

INSTITUTO BRASILEIRO DE GEOGRAFIA E ESTATÍSTICA. **Estatísticas de gênero: indicadores sociais das mulheres no Brasil**. Rio de Janeiro, 2018. Disponível em: <https://biblioteca.ibge.gov.br/visualizacao/livros/liv101551_informativo.pdf>. Acesso em: 24 ago. 2020.

KETTERER ROMERO, L. M.; MAYORGA MUÑOZ, C.; CARRASCO HENRÍQUEZ, M.; SOTO HIGUERAS, A.; TRAGOLAF ANCALAF, A.; NITRIHUAL, L. & DEL VALLE, C. Modelo participativo para el abordaje de la violencia contra las mujeres en La Araucanía, Chile. **Rev Panam Salud Publica**, [S.l.], n. 41, p. 1-4, 2017. Disponível em: <http://iris.paho.org/xmlui/bitstream/handle/123456789/34050/v41a692017.pdf?sequence=1&isAllowed=y>. Acesso em: 10 jan. 2019.

LARREA KIILINGEER, C & RUÍZ-PEINADO ALONSO, J. L. Memoria y Territorio Quilombola en Brasil. **Quaderns de l'Institut Català d'Antropologia**, Barcelona, n. 20, p. 191-215, 2004.

LISBOA SANTOS, J.; RAMOS FILHO, E. & SOUZA SANTOS, L. **Ajuste Espacial do Capital no Campo. Questões conceituais e r-existências**. Aracaju: ArtNer Comunicação, Coleção Universitária, 2019.

MARRA, A. Brasil, el país en el que cada dos horas y media una mujer sufre una violación colectiva. **Público**. São Paulo, 28 de ago. de 2017. Disponível em: <https://www.publico.es/sociedad/violencia-machista-brasil-pais-horas-media--mujer-sufre-violacion-colectiva.html>. Acesso em: 24 ago. 2020.

MEIRELES, A. J. A. & QUEIROZ, L. S. A monocultura do camarão – Danos socioambientais à base da vida comunitária tradicional no litoral do Nordeste brasileiro. In: ZHOURI, A. & LASCHEFSKI, K. (Orgs.) **Desenvolvimento e conflitos ambientais**. Belo Horizonte: Editora UFMG, 2010.

MOREIRA, A.; RODRÍGUEZ, M. & MALO, M. Aquelarres de resistencia. Una conversa que busca una confluencia. In: VEGA SOLÍS, C.; MARTÍNEZ BUJÁN, R. & PAREDES CHAUCA, M. **Cuidado, comunidad y común. Extracciones, apropiaciones y sostenimiento de la vida**. Madrid: Traficante de Sueños, 2018.

QUEIRÓS MATTOSO, K. M. **Ser escravo no Brasil: Séculos XVI-XIX**. Petrópolis: Vozes, 2016.

QUIJANO, A. Colonialidad del poder, eurocentrismo y America latina. In: LANDER, E. (ed.) **Colonialidad del saber, eurocentrismo y ciencias sociales. Perspectivas latinoamericanas**. Buenos Aires: CLACSO UNESCO, 2000.

RAMALHO, C. W. N. Ideologia e Aquicultura: uma das faces da revolução azul. **Contemporânea – Revista de Sociologia da UFScar**. São Carlos, v. 5, n. 2, p. 521-544, jul-dez. 2015. Disponível em: <http://www.contemporanea.ufscar.br/index.php/contemporanea/article/view/344/150.> Acesso em: 24 ago. 2020.

RAMOS FILHO, E.; KETTERER ROMERO, L. & PORTO-GONCALVES, C. W. Violência e criminalização no campo na América Latina. In: CANUTO, A.; LUZ, C. R. S. & ANDRADE, T. V. P. **Conflitos no campo Brasil 2017**. Goiânia: CPT Nacional, 2018.

RUDDY, G. Golar y Celse sellan acuerdo por planta termoeléctrica en Brasil. **BNamericas**, 2018. Disponível em: <http://www.bnamericas.com/es/news/energiaelectrica/golar-y-celse-sellan-acuerdo-por-planta-termoelectrica-en-brasil/>. Acesso em: 10 jan. 2019.

SAGOT, M. **Ruta crítica de las mujeres afectadas por la violencia intrafamiliar en América Latina. Estudio de caso de diez países**. Washington: OPS, 2000.

SEGATO, R. L. **Las estructuras elementales de la violencia. Ensayos sobre género, entre la antropología, el psicoanálisis y los derechos humanos**. Bernal: Universidad Nacional de Quilmes, 2003.

______. Colonialidad y patriarcado moderno: expansión del frente estatal, modernización, y la vida de las mujeres. In: ESPINOZA MIÑOSO, Y; GÓMEZ CORREAL, D. & OCHOA MUÑOZ, K. (Eds.) **Tejiendo de otro modo**: Feminismo, epistemologías y apuestas descoloniales, en Abya Yala. Popayán: Editorial Universidad del Cauca, 2014.

______. **La guerra contra las mujeres**. Madrid: Traficantes de Sueños, 2016.

SERGIPE registra cerca de 2.800 denúncias de violência contra a mulher, diz delegada. **G1 Sergipe**, 2017. Disponível em: <https://g1.globo.com/se/sergipe/noticia/sergipe-registra-cerca-de-2800-denuncias-de-violencia-contra-a-mulher-diz-delegada.ghtml>. Acesso em: 20 jul. 2017.

SOLÁ PÉREZ, M. **R-existências sociais pela vida. Camponesas e camponeses do que hoje é Suape (Brasil) e das Zonas de Reserva Camponesas (Colômbia)**. Curitiba: CRV, 2017.

SUBCOMANDANTE MARCOS. "Sexo, raza y clase": Selma James. **Rebelión**, 2014. Disponível em: <http://www.rebelion.org/noticia.php?id=181749>. Acesso em: 15 jan. 2019.

VALENÇA, A. R. & MENDES, G. N. O metabissulfito de sódio e o seu uso na carcinicultura. **Revista Panorama da Aquicultura**, [S.l.], ed. 85, oct. 2004. Disponível em: <https://panoramadaaquicultura.com.br/o-metabissulfito-de-sodio-e-o-seu-uso-na-carcinicultura/> Acesso em: 5 fev. 2019.

VIOLENCIA contra la mujer. **Centro de Prensa de la OMS**. 2017. Disponível em: <https://www.who.int/es/news-room/fact-sheets/detail/violence-against-women>. Acesso em: 12 dez. 2018.

WAISELFISZ, J. J. **Mapa da violência. Homicídio de mulheres no Brasil**. Brasília: Flacso, 2015.

WALSH, C. **Pedagogías decoloniales. Prácticas insurgentes de resistir, (re) existir y (re)vivir**. Madrid: Traficante de Sueños, 2017.

YÁÑEZ-ARANCIBIA, A. & LARA-DOMÍNGUEZ, A. L. Los manglares de América en la encrucijada. In: YÁÑEZ-ARANCIBIA, A. et al. (Ed.) **Ecosistemas de Manglar en América Tropical**. México: UICN/ORMA, Costa Rica: NOAA/NMFS, Silver Spring: MD USA, 1999.

Sobre os organizadores:

Marcelo Ferreri – Professor Associado do Departamento de Psicologia (DPS) e Professor Permanente do Programa de Pós-Graduação em Psicologia (PPGPSI) da Universidade Federal de Sergipe (UFS). Membro da linha de pesquisa *Processos de Subjetivação e Política*. Contato: marceloferreri@uol.com.br

Rogério Paes Henriques – Professor Associado do DPS/UFS e Professor Permanente do PPGPSI/UFS. Membro da linha de pesquisa *Psicanálise e Cultura Contemporânea*. Contato: ruggerosph@gmail.com

Sobre os autores:

Adriana Azevedo – Bolsista de Pós-Doutorado (FAPERJ/PUC-RJ). Doutora em Literatura, Cultura e Contemporaneidade (PUC/RJ), com passagem pela Université de Lille 3 (bolsa CAPES/PDSE), sob supervisão de Marie-Hélène Sam Bourcier. Contato: adrianapfa3@gmail.com

Ana Gabriela Machado de Farias – Psicóloga. Mestre em Psicologia (PPGPSI/UFS). Psicodramatista (Profint/FEBRAP). Dançarina. Contato: anagamafa@gmail.com

Andréa Hortélio Fernandes – Psicanalista (AME/EPFCL-Brasil). Doutora em Psicopatologia Fundamental e Psicanálise (Paris 7). Pós-Doutorado na linha de pesquisa *Psicanálise e Cultura Contemporânea* (PPGPSI/UFS). Professora do Instituto de Psicologia e do Programa de Pós-Graduação em Psicologia da UFBA. Contato: ahfernandes03@gmail.com

Arci Gardênia Alves Santos – Psicóloga. Mestre e doutoranda em Psicologia (PPGPSI/UFS). Contato: arcigardenia13@gmail.com

Daniel Coelho – Psicólogo. Psicanalista. Professor Associado do DPS/UFS e Professor Permanente do PPGPSI/UFS. Contato: daniel7377@gmail.com

Eduardo Leal Cunha – Doutor em Saúde Coletiva (IMS/UERJ). Professor Associado do DPS/UFS e Professor Permanente do PPGPSI/UFS. Pesquisador Associado do Centre de Recherches Psychanalyse, Médecine et Société da Universidade de Paris. Email: dudalealc@gmail.com

Flavia Bonfim - Psicóloga. Psicanalista. Doutoranda do Programa de Pós-Graduação em Psicologia da Universidade Federal Fluminense. Mestre em Pesquisa e Clínica em Psicanálise (UERJ). Contato: flaviabonfimpsi@yahoo.com.br

José Stona – Psicanalista. Especialista em Problemas do Desenvolvimento da Infância e Adolescência (Lydia Coriat). Mestre em Psicanálise: Clínica e Cultura (UFRGS). Doutorando na linha de pesquisa *Psicanálise e Cultura Contemporânea* (PPGPSI/UFS). Contato: jstona@icloud.com

Lucy Mirtha Ketterer Romero – Departamento de Trabajo Social, Universidad de La Frontera (UFRO/Chile). Contato: lucy.ketterer@ufrontera.cl

Luiz Felipe Zago – Jornalista. Mestre e Doutor pelo Programa de Pós-Graduação da Faculdade de Educação da UFRGS. Professor permanente do Programa de Pós-Graduação em Educação e do Curso de Comunicação Social da Universidade Luterana do Brasil. Contato: luizfelipezago@gmail.com

Mercedes Solá Pérez – Pós-Doutora pelo Programa de Pós-Graduação em Geografia (PPGEO) da UFS. Contato: mercedessolap@gmail.com

Michele de Freitas Faria de Vasconcelos – Professora Adjunta do DPS/UFS e Professora Permanente do PPGPSI/UFS. Contato: michelevasconcelos@hotmail.com

Nicoli Peroza Ramos – Licenciada em Ciências Exatas (Matemática) pela Universidade Federal de Rio Grande. Mestranda em Educação pela Universidade Luterana do Brasil. Contato: nicoli.peroza@hotmail.com

Pollyana Silveira de Almeida - Psicanalista. Especialista em Teoria da Clínica Psicanalítica (UFBA). Mestre em Psicologia (UFBA). Membro do Fórum Salvador (EPFCL-Brasil). Contato: pollyanasalmeida@gmail.com

Sandra Raquel Santos de Oliveira - Professora Adjunta do DPS/UFS. Ex-bolsista do Programa Nacional de Pós-Doutorado – PNPD/CAPES (2015-2019) na linha de pesquisa *Processos de Subjetivação e Política* (PPGPSI/UFS). Contato: sraquel.oliveira31@gmail.com

Thanise Guerini Atolini - Licenciada em História. Mestre em Educação (Universidade Luterana do Brasil). Contato: thaniguerini@gmail.com

Este livro foi composto em
Adobe Caslon Pro
e impresso em Pólen Bold 90 gr.
pela Forma Certa.